# अगस्त्य-कथा

# अगस्त्य-कथा

'अभ्युदय' के एक अंश पर आधृत नाटक


**नरेन्द्र कोहली**

*नाट्य रूपान्तरकार*

**ज़फ़र संजरी**



वाणी प्रकाशन

पेपरबैक संस्करण : 2023

vaniprakashan.com

वाणी प्रकाशन
*4695, 21-ए, दरियागंज, नयी दिल्ली-110 002*
*फ़ोन :* +91 11 23273167, 23275710
**शाखाएँ**
*अशोक राजपथ, पटना-800 004, बिहार*
*कॉफ़ी हाउस कैम्पस, महात्मा गांधी मार्ग, इलाहाबाद-211 001, उत्तर प्रदेश*
*महात्मा गांधी अन्तरराष्ट्रीय हिन्दी विश्वविद्यालय, वर्धा-442 001, महाराष्ट्र*
*36/ए, शेक्सपियर सरणी, रानी बिरला गर्ल्स कॉलेज के पास, कोलकाता-700 017, प. बंगाल*
sales@vaniprakashan.in
vaniprakashan@gmail.com

Augustya-Katha
*by* Narendra Kohli
*Play Transformation* Zafar Sanjary

ISBN : 978-93-5775-122-3
Play



मूल्य : ₹ 199



*आर. टेक ऑफ़सेट प्रिंटर्स, दिल्ली-110 032 में मुद्रित*

*वाणी प्रकाशन का लोगो मक़बूल फ़िदा हुसेन की कूची से*

*सागर को पीकर डॅलास में बैठे,*
*उस अगस्त्य के लिए*
*जिसे हम शिशु ही समझते रहे*

**नरेन्द्र कोहली**
175, वैशाली, पीतमपुरा,
दिल्ली-110034

# पात्र-परिचय

अगस्त्य : ऋषि, कुलपति
लोपामुद्रा : प्रसिद्ध ऋषिका, अगस्त्य की पत्नी
प्रवीर : आर्य सैनिक, अगस्त्य का शिष्य
शतालु : ग्रामीण, ऋषि का अनुचर
साझा : ग्रामीण स्त्री, शतालु की पत्नी
प्रभा : लोपामुद्रा की शिष्या, शतालु की पुत्री
मुर्तू : वानर युवक, लंका में जलपोत-निर्माता
भास्वर : ग्रामीण, मुर्तू का पिता
मां : ग्रामीण, मुर्तू की माता
यूथपति : वानर यूथपति, जनपद प्रमुख
पुरोहित : वानर पुरोहित, यूथपति का सहायक
ब्रह्मचारी : आश्रमवासी, अगस्त्य का शिष्य
धर्मभृत्य : कथा-वाचक, अगस्त्य का श्रद्धालु शिष्य

तथा

ग्रामीण स्त्री-पुरुष

# अगस्त्य-कथा

**[त्रेतायुगीन परिवेश। एक व्यक्ति कवि की वेशभूषा में, आत्मचिंतन करता हुआ, क्रॉस लाइट में मंच के अंतिम छोर पर चलकर आ रहा है। एक दर्शक अपने स्थान से उठकर कवि से संबोधित होता है।]**

**दर्शक-1** : मुनि धर्मभृत्य ?

**धर्मभृत्य** : हुं । हां। धर्मभृत्य।

**दर्शक-1** : कवि धर्मभृत्य महाशय ! कहां ?

**धर्मभृत्य** : बस यहीं तक।

**दर्शक-1** : सुना है कि आजकल आप केवल एक ही ऋषि की प्रशंसा करते घूमते हैं।

**दर्शक-2** : तनिक हमें भी तो पता चले भाई, किस ऋषि की प्रशंसा करते घूमते हो ?

**दर्शक-1** : वही अपने ऋषिश्रेष्ठ अगस्त्य की, और किस की ।

**दर्शक-3** : अरे भाई, मात्र प्रशंसा नहीं। ये तो उनकी जीवनकथा भी लिख रहे हैं। जीवनकथा।

**दर्शक-4** : पर मैं तो यह जानने को उत्सुक हूं, बंधुओ ! कि आर्य धर्मभृत्य कथा केवल लिखते ही हैं या अपने श्रोताओं को सुनाते भी हैं।

**धर्मभृत्य** : लेखक की बड़ी समस्या है भाई। शालीनता का मारा न अपनी कृति की चर्चा कर सकता है और न चर्चा किए बिना रह सकता है।

[दर्शक उच्च स्वर में हंसते हैं।]

**धर्मभृत्य** : मैं आप लोगों को लेखक की व्यथा बता रहा हूं और आप हंस रहे हैं !

**[हंसी ठहाके में बदलती है।]**

**दर्शक-1** : लेखक की व्यथा तो ठीक है, लेखक महोदय ! पर हम सब आपकी रचना सुनना चाहते हैं, व्यथा नहीं। क्यों, बंधुओ ?

**दर्शक-2** : हां । चाहते हैं।

**धर्मभृत्य** : सुनना चाहते हैं ?

**दर्शक-3** : हां ।

**धर्मभृत्य** : तो सुनाऊं ?

**दर्शक-4** : सुनाइए।

**धर्मभृत्य** : पर सुनाऊं तो कोई यह न कहे कि लेखक अपनी कृति सुनाए बिना रह न सका।

**दर्शक-2** : अरे, आप सुनाइए तो। कभी-कभी तो आप इधर आते हैं। फिर जाने आपको कभी इधर आने का समय मिले, न मिले।

**धर्मभृत्य** : परंतु भाई···

**दर्शक-3** : सुनाइए। सुनाइए। कोई कुछ नहीं कहेगा।

**वृद्ध दर्शक** : कौन क्या कहेगा, यह सोचकर कर्म करोगे तो कर चुके अपने मन की। लो, मैं चाहता हूं तुम अगस्त्य-कथा सुनाओ। मैं उसे बार-बार सुनना चाहता हूं। अब जिसे जो कहना हो, कह ले। (**वृद्ध दर्शक अपने स्थान पर जम कर बैठ जाता है।**) आरंभ करो।

**[अन्य दर्शक भी वृद्ध दर्शक के समान आत्मविश्वास से कहते हैं।]**

**दर्शक** : हां । आरंभ करो।

**[धर्मभृत्य मुस्कराते हुए, ग्रंथिबद्ध लिखित ताड़पत्र खोल लेते हैं।]**

**धर्मभृत्य** : कथा थोड़ी लंबी है। आप लोग सुविधापूर्वक बैठ जाएं।

[दर्शक बैठते हैं। धर्मभृत्य खखारकर कंठ साफ करते हैं और पढ़ना आरंभ करते हैं।]

**धर्मभृत्य** : अगस्त्य ने ग्राम में प्रवेश किया। ग्राम के लोग समय से पहले ही जग गए लगते थे। पर्याप्त आवागमन भी दिखाई पड़ रहा था और स्फूर्ति भी; जैसे किसी अभियान की तैयारी हो। अगस्त्य आगे बढ़ते रहे। मार्ग में मिलने वाला प्रत्येक व्यक्ति सम्मान से ऋषि का अभिवादन करता और अपने कार्य के लिए आगे बढ़ जाता। अगस्त्य की चिंता भी बढ़ती जा रही थी। प्रातः जब नियत समय पर प्रवीर उपस्थित नहीं हुआ, अगस्त्य का मन तभी खटका था। प्रवीर जैसा व्यक्ति अगस्त्य को दिए गए अपने वचन का पालन न करे तो कोई न कोई असाधारण कारण ही होना चाहिए। पिछले कई वर्षों में खेतों में काम अधिक होते ही ग्राम के बालक-बालिकाएं आश्रम में आना बंद कर देते थे। उनके लिए खेतों का कार्य महत्त्वपूर्ण हो उठता था। ऐसे में कौन आश्रम तक आने-जाने तथा वहां बैठ-कर शिक्षा ग्रहण करने का समय निकालता। अगस्त्य भी मानते थे कि खेतों का कार्य अत्यंत महत्त्वपूर्ण था। कृषि संबंधी धातु के उपकरणों की आवश्यकता भी इन्हीं दिनों बढ़ जाया करती थी। हल, कुदाल, दरांती, घन और कभी-कभी कुछ शस्त्र भी भट्ठियों में ढाले जाते थे। ऐसे में अगस्त्य यह अपेक्षा कैसे कर सकते थे कि वे लोग अपना कृषि संबंधी कार्य छोड़कर, आश्रम में शिक्षा ग्रहण करने के लिए आएंगे। किंतु वे यह भी नहीं चाहते थे कि ग्रामवासी यह मान लें कि शिक्षा जीवन का आवश्यक अंग न होकर अवकाश के क्षणों का मानसिक विलास मात्र है। एक बार ऐसी धारणा बन गई तो इनको शिक्षा के प्रति अरुचि हो जाएगी। इसलिए अगस्त्य ने ग्राम में ही पाठशाला चलाने का प्रस्ताव रखा था। उनकी योजना थी कि जहां-जहां कार्य चल रहा हो, उसी के निकट कहीं शिक्षा की व्यवस्था कर दी जाए, ताकि न तो शिक्षा में

व्यतिक्रम हो और न शिक्षा और कृषिकर्म में विरोध पनपे। यह निश्चित था कि इस प्रकार की योजनाओं को कार्यान्वित करने के लिए अगस्त्य को अपने आश्रम से पर्याप्त समय के लिए दूर रहना होगा। उस सारे समय के लिए आश्रम का दायित्व उन्होंने अपनी अर्द्धांगिनी लोपामुद्रा पर छोड़ देने का निश्चय किया था। उसी पाठशाला के संदर्भ में, निश्चित व्यवस्था करने के लिए ही आश्रम में विचार-विमर्श की योजना बनाई गई थी। कहां अगस्त्य ने सोचा था कि प्रवीर ही नहीं, अन्य ग्रामप्रमुख भी अत्यंत उत्साह से उस कार्य में सहयोग देंगे और कहां नियत समय बीत जाने पर, उनमें से एक भी व्यक्ति नहीं आया। थोड़ी देर तक अगस्त्य आनेवालों की विलंब से आने की प्रकृति के लिए मन में रोष पालते रहे। जब समय अधिक बीत गया तो उनके मन में अन्य संभावनाएं भी उगने लगीं—संभव है ग्राम में कोई गंभीर रूप से अस्वस्थ हो गया हो या किसी का देहांत हो गया हो। किंतु ऐसा होता तो किसी एक ग्राम के प्रतिनिधि न आते, अन्य लोगों को तो आना चाहिए था।…कहीं यह पाठशाला के प्रति अरुचि तो नहीं है; या स्वयं उनके प्रति अवज्ञा का भाव ?…संभव है कि इधर ग्रामवासियों में शिक्षा के लिए उतना उत्साह न हो, जितना अगस्त्य देखना चाहते हैं। संभव है, यह उनके अपने मन का उत्साह हो, जो उन्होंने ग्रामवासियों पर आरोपित कर रखा है। ग्रामवासी अब तक उनका विरोध न कर सके हों और उन्होंने ऋषि को टालने के लिए ही यह पद्धति खोज निकाली हो।…यह विचार भी उनके मन में अधिक देर तक टिका नहीं।…ऐसा होता तो कल संध्या तक अनेक ग्रामप्रमुख इस योजना के संबंध में इतने उत्साह से चर्चा न कर रहे होते।…और अपनी उपेक्षा की बात अगस्त्य कैसे सोच सकते हैं ? योजनों तक एक भी ग्राम ऐसा नहीं है, जहां अगस्त्य का आगमन सौभाग्य का कारण न माना जाता हो।…सहसा अगस्त्य की दृष्टि सामने से आते हुए

प्रवीर पर पड़ी।…

[प्रकाश परिवर्तन]

[प्रवीर आकर अगस्त्य के चरण स्पर्श करता है।]

**प्रवीर** : ऋषिश्रेष्ठ को प्रवीर का प्रणाम।

**अगस्त्य** : सुखी रहो।

**प्रवीर** : सर्वप्रथम तो मैं अपने प्रमाद के लिए आपसे क्षमा चाहता हूं कि न तो मैं नियत समय पर आपके निकट उपस्थित हो सका और न मैं कोई निश्चित समाचार ही आपको भिजवा सका।

**अगस्त्य** : मैं कारण जानने को उत्सुक हूं, प्रवीर।

**प्रवीर** : गुरुवर ! आप सदा इन वानर-ऋक्षों का पक्ष लेते हैं। आप इन्हें शांतिप्रिय समझते हैं; किंतु अवसर मिलते ही वे घात करने से नहीं चूकते। कल रात उन्होंने फिर हम पर आक्रमण किया है। वे हमारे खेत उजाड़ गए हैं, पशु हांक कर ले गए हैं और चार व्यक्तियों की हत्या कर गए हैं।

**अगस्त्य** : ओह ! मैं सोच ही रहा था कि तुम्हें कटि में खड्ग बांध और कंधे पर यह धनुष टांगकर आने की आवश्यकता क्यों पड़ी। तुम मेरे पास आ रहे थे, किसी सैनिक अभियान पर तो निकले नहीं थे।…अब समझा । तो तुम वानरों से युद्ध की तैयारी में हो।

**प्रवीर** : जी ! सूचना मिलते ही हमें अनेक कार्य करने पड़े। अपनी रक्षा का प्रबंध, शवों के दाह-संस्कार की तैयारी, मृत लोगों के परिवारों तथा घायलों की देख-संभाल, वानरों का पीछा करने के लिए दल को भेजना, अन्य ग्रामों को सूचना देना।

**अगस्त्य** : सूचना ?…सूचना मुझे क्यों नहीं दी गई ?…तुम लोगों ने मुझे युद्ध के एकदम अयोग्य मान लिया है या शत्रु पक्ष का समर्थक ?

**प्रवीर** : नहीं। यह बात नहीं है, गुरुवर ! हम ऐसा दुस्साहस कैसे कर सकते हैं । हमने शस्त्र भी आपसे ही पाया है और शस्त्रज्ञान भी। हम आपके रण-कौशल से भी भली-भांति परिचित हैं; किंतु वानरों, ऋक्षों तथा अन्य जातियों के प्रति

आपका प्रेम किसी से छिपा नहीं है। कुछ लोगों का विचार था कि वानरों के विरोध की योजना में आप हमारा पक्ष नहीं लेंगे।

**अगस्त्य** : तुम्हारे पास क्या प्रमाण है कि यह आक्रमण वानरों ने ही किया है ? तुमने उनका कोई आदमी पकड़ा है ?

**प्रवीर** : नहीं ! किंतु इन चोटियों के पार उन ही लोगों के ग्राम हैं। दूसरा कोई कैसे आ सकता है ? इस बार आप हमें अनुमति दें, ऋषिवर ! हम उन्हें ऐसा पाठ पढ़ाएंगे···।

**अगस्त्य** : क्या करने की सोची है तुमने और तुम्हारे लोगों ने ?

**प्रवीर** : इस बार हम अकेले नहीं जाएंगे। समस्त आर्य ग्रामों में युद्ध का संदेश भेज दिया गया है। हम एक बड़ी सेना लेकर विंध्याचल के पार जाएंगे। उनके ग्रामों में आग लगा देंगे। एक-एक व्यक्ति की हत्या कर देंगे। भविष्य में वे लोग इस ओर देखने का साहस भी नहीं कर पाएंगे। लौटकर विंध्याचल की प्रत्येक चोटी पर अपनी सैनिक चौकी बैठाएंगे। फिर विंध्याचल उनके लिए इतना ऊंचा हो जाएगा कि वे उसे कभी पार नहीं कर पाएंगे।···और विंध्याचल की इस ओर एक भी वानर को जीवित नहीं छोड़ेंगे।···

**अगस्त्य** : रात के आक्रमण के पश्चात् तुम लोगों ने अनेक आर्य ग्रामों में सूचना भेजी है और भविष्य की यह योजना भी अनेक आर्य ग्रामप्रमुखों ने मिलकर ही बनाई होगी ?

**प्रवीर** : जी !

**अगस्त्य** : और मुझे न पिछली घटनाओं की सूचना भेजी, न भविष्य की योजनाओं के विषय में मेरे विचार जानने की आवश्यकता समझी।···इसका अर्थ क्या है, प्रवीर ?

**[प्रवीर निरुत्तर-सा शून्य में देखता रहता है।]**

**अगस्त्य** : मैं समझ लूं कि तुम लोग मुझे अपने समाज का अंग नहीं मानते, या मैं यह मान लूं कि तुम्हें मेरी बौद्धिक क्षमता पर विश्वास नहीं है ?···इन दोनों में से एक भी बात हो, तो तुम्हें स्पष्ट कहने में संकोच नहीं करना चाहिए। मैं

तुम्हें या तुम्हारे लोगों को बाध्य नहीं कर सकता कि तुम लोग प्रत्येक निर्णय से पूर्व मुझसे विचार-विनिमय करो ही, किंतु मैं तुम्हारा शस्त्र-गुरु हूं। मुझे पूर्ण अधिकार है कि तुम्हारी शस्त्रप्रयोग योजनाओं में हस्तक्षेप करूं। मैं तुम से पूछता हूं, प्रवीर ! तुमने शस्त्र-प्रशिक्षण से पूर्व जो शपथ ली थी और प्रशिक्षण पूर्ण करने पर जो वचन मुझे दिया था, क्या तुम उन पर स्थिर हो ?

**प्रवीर** : गुरुदेव ! हम आत्मरक्षा के लिए शस्त्र धारण कर रहे हैं।

**अगस्त्य** : नहीं ! तुम लोग निरीह, निहत्थे, निःशस्त्र अर्द्धसभ्य वानरों की निर्मम हत्या के लिए शस्त्र-सज्जित हो रहे हो । तुम्हारे पास कोई प्रमाण नहीं है कि आक्रमणकारी वानर ही थे; और तुम न तो शोध कर रहे हो, न तर्क और अनुमान का संबल ले रहे हो। तुम्हें भय था कि मैं तुम्हारे कार्य में बाधा दूंगा, इसलिए तुमने सारी योजना मुझसे गुप्त रखी। मुझे प्रसन्नता हुई कि तुमने मुझे वानर-क्षों का मित्र माना। मेरी कामना है कि वे लोग भी मुझे अपना उतना ही मित्र मानें।...थोड़ी देर के लिए अपने शस्त्र ढीले कर मुझसे संक्षिप्त-सा तर्क-युद्ध कर लो। मुझे बताओ कि आक्रमणकारियों के विषय में तुम लोगों ने कोई खोज की है ?

**प्रवीर** : जी, की है।

**अगस्त्य** : तो मुझे बताओ, वे लोग पदाति आए थे अथवा उनके पास कोई वाहन भी था ?

**प्रवीर** : वे अश्वारूढ़ थे। उनके पास एक रथ भी था। वे पदाति आए होते तो हम उन्हें कहीं न कहीं पकड़ ही लेते।

**अगस्त्य** : तुमने आज तक वानरों के किसी ग्राम में कोई अश्व देखा है ?...किष्किंधा के वानर सम्राट् वाली के पास भी कोई अश्व नहीं है, फिर ये अश्वारूढ़ वानर आक्रमणकारी कहां से आ गए ?

**[मौन]**

**अगस्त्य** : बोलो।

**प्रवीर** : संभव है, उन्होंने अश्व प्राप्त कर लिये हों और हमें उसकी सूचना न हो।

**अगस्त्य** : कुतर्क मत करो, प्रवीर ! यहां ऐसा कोई प्रदेश नहीं है, जहां बाहर के यात्रियों का प्रवेश वर्जित हो। साथ ही ऐसा कोई स्थान नहीं है, जहां अमिश्रित रूप से केवल एक ही जाति का निवास हो। संपूर्ण क्षेत्र की जातियों के पास ऐसा कोई साधन नहीं है, जिससे वहां की घटनाओं के समाचार गुप्त रखे जा सकें। ऐसे में यदि वानरों ने किसी अन्य देश अथवा जाति से अश्व प्राप्त किए हों, अश्वारोहण का अभ्यास किया हो, अश्वारूढ़ होकर शस्त्र-परिचालन का प्रशिक्षण लिया हो, तो इन समाचारों की हमें गंध भी न मिलती ?...इतनी ही जटिल और परिष्कृत राज्य-व्यवस्था हो गई है इस प्रदेश की आदिम जातियों की ?

**[मौन]**

**अगस्त्य** : तुम कहते हो कि रात्रि के अंधकार में तुम्हें सूचना मिलने से पूर्व ही वे लोग खेत भी उजाड़ गए, पशुओं को भी हांककर ले गए और चार व्यक्तियों की हत्या भी कर गए।...सूचना मिलने पर तुम लोगों ने पीछा किया तो तुम्हें गंध तक नहीं मिली।...इन तथ्यों का विश्लेषण करोगे तो स्वयं ही समझ जाओगे कि इतने कम समय में, इतना विनाश कर, हवा हो जाने का अर्थ है—अच्छी संचार व्यवस्था, अच्छे शस्त्र और तीव्रगामी वाहन । पर वानरों के पास क्या है ?...उनके पास न संचार व्यवस्था है, न शस्त्र हैं, न वाहन।

**प्रवीर** : तो आपका क्या विचार है ? आक्रमणकारी कौन हैं ?

**अगस्त्य** : कुछ आभास मुझे है, कुछ अनुमान कर रहा हूं। निश्चित रूप से अभी आक्रमणकारियों के विषय में कुछ नहीं कह सकता; किंतु तुम से अवश्य कुछ कहना चाहता हूं।

**प्रवीर** : आज्ञा कीजिए, गुरुवर !

**अगस्त्य** : तुम लोगों ने जो मेरी उपेक्षा और अवज्ञा की है, उसे मैं

क्षमा करता हूं। किंतु भविष्य में इसकी पुनरावृत्ति न हो।

**[प्रवीर का मस्तक झुक जाता है।]**

**अगस्त्य** : अपने सभी लोगों से कह दो कि आत्मरक्षा के लिए सन्नद्ध रहें। चौकन्ने रहकर अपने परिवारों, खेतों तथा पशुओं की रक्षा करें।…किंतु आक्रमण की योजना स्थगित रखें। अपने-अपने कार्यों की व्यस्तता के चलते, आज भी कोई इस पाठशाला में नहीं आया है; अन्यथा यह दायित्व मेरा होता। तुम तत्काल चौपाल पर चले जाओ और मेरी ओर से यह आज्ञा प्रचारित कर दो कि मैं तथा लोपामुद्रा विंध्याचल के पार जा रहे हैं। जब तक लौटकर न आ जाएं, आक्रमण की बात मन में मत लाना। विरोध को मत बढ़ाओ। विंध्याचल को ऊंचा मत उठाओ, सेनापति ! यह मेरा आदेश है।

**प्रवीर** : ऋषिश्रेष्ठ की आज्ञा का अक्षरशः पालन होगा।

**अगस्त्य** : वैसे तो मुझे विश्वास है कि तुम अपने वचन की रक्षा करोगे, किंतु दुर्बल क्षणों में कभी पालन न कर सको और विंध्य के पार वानरों पर आक्रमण करने की बात सोचो, तो मेरी एक बात स्मरण रखना…।

**[प्रवीर गुरु को उत्सुक दृष्टि से देखता है।]**

**अगस्त्य** : यदि सेना लेकर विंध्य के पार जाओगे तो वानरों की निरीह हत्या नहीं कर पाओगे। तुम्हें उनकी सशस्त्र सेना तैयार मिलेगी और उनके सेनापति के स्थान पर अगस्त्य खड़ा होगा।

**[प्रकाश परिवर्तन]**

**धर्मभृत्य** : अगस्त्य अपनी बात की प्रतिक्रिया देखने के लिए भी नहीं रुके। वे मुड़े और पाठशाला से बाहर निकल गए…। बाहर निकलते ही प्रवीर और सारे ग्रामप्रमुख भी जैसे उनके मस्तिष्क से निकल गए। मन में केवल एक ही प्रश्न था—विंध्य के पार जाने का निश्चय उन्होंने अकस्मात् ही कर डाला था, या यह विचार मन में पहले से ही कहीं दबा

पड़ा था ? वे पहली बार विंध्य के पार नहीं जा रहे थे। विंध्य के दक्षिण में भी वे उतना ही घूमे थे, जितना विंध्य के उत्तर में। विंध्य के दक्षिण के ग्रामों में भी लोग उनसे उतने ही घुले-मिले थे, जितने उत्तर में।···पिछले अनेक वर्षों से उन्होंने विंध्यप्रदेश नहीं छोड़ा था। विंध्याचल के उत्तर में अधिकांश ग्राम आर्यों के थे। कुछ ग्राम अन्य जातियों के भी थे। किंतु उनकी संख्या बहुत कम थी। विंध्य की चोटियों के दक्षिण में अनेक आर्येतर जातियां रहती थीं। उनके बीच भी कुछ आर्य ऋषि, मुनि और कृषक बस गए थे। किंतु जाने कहां से यह परस्पर अविश्वास का भाव भी आकर बस गया था। विभिन्न जातियों में तनाव बढ़ने लगा था। उत्तर के आर्येतर लोग दक्षिण की ओर बढ़ते जा रहे थे और आर्य विंध्य के उत्तर की ओर आ रहे थे। अगस्त्य को लगता था, उनके संपूर्ण प्रयत्नों के पश्चात् भी विभिन्न जातियों के बीच का यह विरोध का विंध्याचल ऊंचा उठता ही जा रहा था। यदि यह क्रम इसी प्रकार चलता गया तो एक दिन विंध्याचल आकाश को छूने लगेगा। ये जातियां एक-दूसरे के रक्त की प्यासी हो जाएंगी। न कोई उत्तर से दक्षिण जा सकेगा और न कोई दक्षिण से उत्तर की ओर आ सकेगा।···ऐसा क्यों है ? ···अगस्त्य सोचते जा रहे थे। वे विभिन्न जातियों में कोई भेद नहीं करते थे और उन्हें भी सब कहीं निश्छल प्रेम मिलता था। उन्होंने पाया था कि आर्य हो अथवा वानर, ऋक्ष हो अथवा गरुड़ या गिद्ध—सामान्य व्यक्ति तो मूलतः कृषक या कर्मकर श्रमिक ही था। वह कठोर परिश्रम के पश्चात् अपना और अपने परिवार का पेट भरता था। वह प्रेम और मेल-मिलाप से रहना चाहता था। लड़ाई-झगड़े से उसे कोई लाभ नहीं था। लड़ाई में उसके खेत नष्ट हो जाते थे। उसकी कुटिया जल जाती थी। वह घायल होता था। उसके बच्चे का हरण होता था। उसके लिए यह सब बहुत ही पीड़ादायक था। पर फिर भी इन लोगों में परस्पर विश्वास नहीं जन्मा। ये लोग अपने-आप में

शांतिप्रिय होते हुए भी एक-दूसरे को संदेह की दृष्टि से देखते थे। इसी संदेह के कारण छोटे-मोटे झगड़े होते रहते थे। कभी-कभी रक्तपात भी हो जाता था। दोनों ही पक्ष स्वयं को निर्दोष मानकर, दूसरे को अत्याचारी बताते थे। अगस्त्य ने जब-जब खोज की, उन्हें दोनों में से कोई भी अत्याचारी नहीं लगा। दोनों पक्षों में एक-दूसरे के प्रति सद्भावना भी थी, दोनों शांतिप्रिय भी थे, दोनों बिना एक-दूसरे का शोषण किए अपने श्रम के आधार पर जीवित रहना चाहते थे। किंतु फिर भी न दोनों के झगड़े मिट पाते थे, न संदेह। प्रमाणों के अभाव में अगस्त्य अपने अनुमानों के आधार पर ही धारणाएं बनाते-बिगाड़ते रहते थे। आज वे यदि समय से न पहुंच गए होते तो अनर्थ ही हो गया था। यदि प्रवीर सचमुच ही सेना लेकर विंध्याचल के पार उतर जाता तो निश्चित रूप से वानरों का अपार संहार होता। क्षति आर्यों की भी होती; किंतु वानरों की अपेक्षा बहुत कम। आर्यों का शस्त्रकौशल, शस्त्र, वाहन—सब कुछ ही वानरों से श्रेष्ठ है। वानर अभी आदिम धरातल पर जी रहे हैं, कहीं-कहीं वे अर्द्धसभ्यावस्था तक पहुंचे हैं। ऐसे में अगस्त्य की आर्यों को दी हुई विद्या यदि वानरों का नाश करती तो क्या अगस्त्य स्वयं को क्षमा कर पाते ?...शायद नहीं। उन्होंने निर्बल-त्राण तथा आततायी के विरोध के लिए ही शस्त्र का संबल लिया है। अब यदि आर्यों और वानरों का यह झगड़ा नहीं मिटेगा तो वह अघटनीय घटकर रहेगा, जिसे अगस्त्य इतने दिनों से बचाते आ रहे हैं। विरोध के विंध्याचल को नीचे लाना ही होगा...। वानर समाज का विकास करना होगा। उसे भी आर्य बनाना होगा।...किंतु कैसे ?

**[धर्मभृत्य ताड़पत्र से दृष्टि उठाकर दर्शकों की ओर देखते हैं।]**

**वृद्ध दर्शक :** क्या हुआ, लेखक महोदय ? रुक क्यों गए ?

**धर्मभृत्य :** सोचा, पूछ लूं, आप लोग ऊब तो नहीं रहे ?

**वृद्ध दर्शक** : अरे, नहीं भाई ! तुम कैसे लेखक हो ? सामने इतने श्रोतागण बैठे हैं और तुम पूछ रहे हो कि ऊब तो नहीं रहे।...पढ़ो।

**[धर्मभृत्य मुस्कराते हैं और पढ़ने लगते हैं।]**

**धर्मभृत्य** : अगस्त्य और लोपामुद्रा विंध्य की चोटियां बहुत पीछे छोड़ आए थे। उन्हें निरंतर चलते हुए दो प्रहर बीत गए थे। अब थोड़ी-थोड़ी दूर पर वानरों, ऋक्षों, गरुड़ों और गिद्धों के ग्राम, टोले और पुरवे दिखाई पड़ने लगे थे। अगस्त्य को लग रहा था कि आज विंध्य के दक्षिण में ये लोग भी मस्त और निश्चिंत नहीं थे। वे अपने विविध कार्यों में डूबे हुए नहीं थे। लोग सशंक और सचेत थे। आने-जाने वालों को उनकी दृष्टि टोकती थी। संभव है कि अपरिचित व्यक्तियों से कुछ पूछताछ भी करते हों; किंतु अगस्त्य तथा लोपामुद्रा को पहचानने वाला कोई न कोई व्यक्ति प्रत्येक ग्राम में मिल ही जाता था। उस क्षेत्र के लिए अगस्त्य अनपहचाने व्यक्ति नहीं थे। चलते-चलते कभी-कभार 'गुरु', 'ऋषि' या 'अगस्त्य' जैसा कोई शब्द उनके कानों से आ टकराता था। लगता था उनके थोड़ा-सा आगे, पीछे या साथ-साथ उनका परिचय भी यात्रा कर रहा था।...वे लोग जिस समय शतालु की कुटिया के सम्मुख पहुंचे, सांझ का झुटपुटा धरती पर उतर आया था। शतालु भी अभी-अभी ही बाहर से लौटा लग रहा था, वह कुटिया के बाहर बैठा सुस्ता रहा था।...

**[प्रकाश परिवर्तन।]**

**शतालु** : ऋषि ?

**लोपामुद्रा** : हां, शतालु ! ये तुम्हारे ऋषि और मैं तुम्हारी ऋषि मां। हम आज रात के लिए तुम्हारे अतिथि होंगे। व्यवस्था हो सकेगी ?

**शतालु** : मेरा सौभाग्य।...प्रभा ! देख कौन आया है।...

**[कुटिया के द्वार से किशोरी प्रभा का प्रवेश। देखकर पहले स्तब्ध रह जाती है, फिर आकर**

लोपामुद्रा से लिपट जाती है।]

**प्रभा** : ऋषि मां !···प्रणाम, ऋषिवर !

**अगस्त्य** : सुखी रहो।

**लोपामुद्रा** : कैसी हो, बिटिया ?

**प्रभा** : अब एकदम ठीक हूं, ऋषि मां ! अब कोई कष्ट नहीं है। पिछले कई मास से मुझे पीड़ा का आभास भी नहीं हुआ।

**शतालु** : जा, जाकर मां को सूचित कर, ऋषि मां आयी हैं। कब तक उन्हें खड़ा रखेगी। आसन ठीक कर।···

**[प्रभा कुटिया के भीतर भागने के लिए मुड़ती है तो अपनी मां साझा से द्वार पर ही टकरा जाती है। साझा तथा शतालु अगस्त्य और लोपामुद्रा को सम्मानपूर्वक कुटिया में ले आते हैं, जहां प्रभा पहले से आसन बिछा चुकी है। सभी सुविधापूर्वक बैठ जाते हैं।]**

**साझा** : मैं तो इस लड़की के जीवन से निराश हो गई थी, ऋषि मां ! क्या कहूं, कैसे तड़पती थी यह। जब पीड़ा उठती थी, पानी से निकाल बालू पर फेंक दी गई मछली के समान भूमि से उठ-उठकर गिरती थी। देखा नहीं जाता था। मन में कई बार आया कि यदि ऐसे ही तड़प-तड़प कर मरना बदा है इसके भाग्य में, तो क्यों न मैं ही कहीं से एक चुटकी विष लाकर इसे खिला दूं। इस पीड़ा से तो बच जाएगी।

**लोपामुद्रा** : मुझे स्मरण है कि जब यह पहली बार अपने पिता के साथ हमारे आश्रम पर आयी थी। शतालु ने भी यही कहा था, 'ऋषि मां ! या तो इसे ठीक कर दो, या फिर विष देकर इसे इस पीड़ा से मुक्त कर दो।

**[साझा की आंखों में हर्षमिश्रित अश्रुकण उभर आते हैं।]**

**साझा** : इसे क्या हो गया था, ऋषि मां ?

**लोपामुद्रा** : इसे कोई बड़ा रोग नहीं था, साझा !

**शतालु** : जो भी हो, ऋषि मां ! हम तो इसका जीवन आपका दिया

ही मानते हैं। अपने परिचय का कोई वैद्य, ओझा, सयाना हमने नहीं छोड़ा था। एक ओर यह अपनी पीड़ा से तड़पती थी और दूसरी ओर भूत को पीटने के नाम पर ओझा इसकी चमड़ी उधेड़ रहे थे।···क्या कष्ट नहीं पाया मेरी बच्ची ने।

**लोपामुद्रा** : बस-बस, अब मन भारी मत करो। तुमने देख लिया न, इस पर कोई भूत-प्रेत नहीं था। तुम लोग अपने अज्ञान में ही बेचारी बच्ची को कष्ट देते रहे। अब तुम अपने आस-पास किसी को भूत-प्रेत झाड़ने की दुष्टता मत करने देना।

**प्रभा** : अब तो बप्पा की स्थिति यह है कि कोई भूत का नाम ले ले तो इन पर भी भूत आ जाता है।

**[अगस्त्य को छोड़ सब हंसते हैं।]**

**शतालु** : गुरुदेव ! आप एकदम मौन हैं। क्या बात है ?

**अगस्त्य** : मुझे तुम से बहुत अधिक बातें करनी हैं, शतालु ! इसीलिए मौन हूं।

**शतालु** : कोई गंभीर बात है क्या, गुरुदेव !

**अगस्त्य** : बहुत गंभीर। रक्तपात की बात है।

**शतालु** : आप रक्तपात की बात करने की सोच रहे हैं और यहां कल रात बहुत सारा रक्तपात हुआ है।

**लोपामुद्रा** : क्या हुआ ?···कोई झगड़ा हुआ है क्या ?

**शतालु** : झगड़ा ! कल रात हमारे अनेक ग्रामों पर आर्यों का आक्रमण हुआ है। उन्होंने हमारे खेतों में आग लगाई है। झोंपड़ियां नष्ट की हैं। कई लोगों के प्राण लिये हैं।

**[अगस्त्य और लोपामुद्रा की दृष्टि मिलती है।]**

**साझा** : ये सच कह रहे हैं, ऋषि मां ! लोग बहुत भड़के हुए हैं। आप पर हमें इतना विश्वास न होता तो शायद आपका इस क्षेत्र में चलना असंभव हो जाता।

**लोपामुद्रा** : हूं । इतना विरोध ?

**शतालु** : प्रातः ही अनेक ग्रामों में समाचार भिजवा दिया गया है। कितने ही ग्रामों के मुखिया लोग एकत्रित होकर युद्ध की

योजना बना रहे हैं। यूथपति भी आए हुए हैं। संभवतः कोई बड़ा युद्ध होगा।

**अगस्त्य :** क्या तुम लोगों ने किसी आक्रमणकारी को पकड़ा है ?...क्या किसी ने देखा है कि आक्रमणकारियों में से कोई आर्य था ?

**शतालु :** नहीं ! जहां तक मैं जानता हूं, कोई आक्रमणकारी पकड़ा नहीं गया है। किंतु हम सब यही मानते हैं कि आक्रमण आर्यों ने ही किया होगा। विंध्य के उत्तर में तो उन ही लोगों के ग्राम हैं। उनके पास शस्त्र भी हैं।

**अगस्त्य :** शतालु ! मेरी बात का विश्वास करोगे ?

**शतालु :** मैं आपकी किसी भी बात का विश्वास करूंगा, गुरुदेव !

**अगस्त्य :** आक्रमणकारी आर्य नहीं थे।

**[शतालु और साझा की दृष्टि मिलती है।]**

**साझा :** आक्रमणकारी आर्य नहीं थे ?

**अगस्त्य :** नहीं, पुत्रि ! वे आर्य नहीं थे।

**साझा :** ...किंतु...।

**लोपामुद्रा :** साझा ! तुम्हें यह सुनकर आश्चर्य होगा कि कल रात आर्यों पर भी आक्रमण हुआ है। उनका अनुमान है कि उन पर आक्रमण करने वाले वानर ही होंगे।

**[शतालु आश्चर्य से अगस्त्य की ओर देखता है]**

**अगस्त्य :** है न विचित्र बात ?

**साझा :** तो आक्रमणकारी कौन थे, गुरुदेव ?

**अगस्त्य :** अभी कुछ नहीं कह सकता, पुत्रि ! प्रातः शतालु को अपने साथ ले जाऊंगा। खोज करूंगा। आशा है कल संध्या तक बता सकूंगा कि आक्रमणकारी कौन हैं।

**[प्रकाश परिवर्तन]**

**धर्मभृत्य :** बिना पूछे आगे पढ़ता जाऊं न ?

**दर्शक-1 :** ओह हो, चलती हुई कथा के बीच में आप कहां से आ गए ? पढ़ो भाई, पढ़ो।

**[धर्मभृत्य हंस देते हैं।]**

**धर्मभृत्य :** अच्छा भाई अच्छा । अगले दिन अगस्त्य प्रातः ही शतालु को लेकर निकल गए। वे अनेक लोगों से मिले और अनेक स्थानों पर गए। कुछ प्रश्न किए और कुछ स्वयं जांचा-परखा। संध्या के समय जब शतालु प्रायः थक चुका था, उसे साथ लेकर अगस्त्य बड़े आश्वस्त भाव से यूथपति से मिलने के लिए चले।···यूथपति ने उन्हें तत्काल बुला लिया। अभिवादन किया और बोला···

[प्रकाश परिवर्तन]

**यूथपति :** मैंने आपके विषय में कल दिन भर में बहुत कुछ सुना है, ऋषिवर ! वानरों का आप पर अद्‌भुत विश्वास देख-कर चमत्कृत भी हुआ हूं ।···किंतु···।

**अगस्त्य :** हां-हां, कहिए यूथपति ! किंतु ?

**यूथपति :** क्या मैं यह जानने का दुस्साहस कर सकता हूं कि आज आप यहां किस उद्देश्य से पधारे हैं ?

**अगस्त्य :** आर्यों और वानरों के मध्य एक दरार पड़ गई है, अनभिज्ञता की दरार। उसी दरार को पाटने के उद्देश्य से मैं यहां आया हूं।

**यूथपति :** अर्थात् ये दोनों ही जातियां अब आपकी कृपा पर आश्रित हैं ।

**अगस्त्य :** मैं यह नहीं कहता कि ये दोनों ही जातियां किसी की भी कृपा पर आश्रित हैं।··· नहीं, वरन् मैं स्वयं इन पर विश्वास कर, यहां तक आया हूं। हमें मिलकर देखना होगा कि वे कौन से कारण हैं, जिन्होंने आर्यों और वानरों के मध्य एक भयंकर युद्ध की स्थिति उत्पन्न कर दी है, जिसने मानवता के समस्त अधिकारों को असुरक्षित रख छोड़ा है।

**यूथपति :** अर्थात् आप हमारी सुरक्षा का प्रबंध करना चाहते हैं।

**अगस्त्य :** निस्संदेह। समय पड़ने पर यदि न्यायस्थ पक्ष की उचित व्यवस्था और रक्षा करनी पड़ी तो मैं उससे पीछे नहीं हटूंगा।

**यूथपति :** कल रात आक्रमणकारियों ने इस निर्ममता से हमारे कुछ

युवकों की हत्या की है कि देखने पर उनके संबंधियों तक को पहचानने में कठिनाई हो रही थी कि शरीर किस का है। शरीरों के विभिन्न मांसल अंगों की त्वचा फाड़कर मांस नोच लिया गया था, जैसे रजाई फाड़कर गूदड़ नोच लिया गया हो। कहीं केवल घायल त्वचा थी, कहीं त्वचा के भीतर से नंगा मांस झांक रहा था, जिस पर रक्त जम-कर ठंडा और काला हो चुका था; और कहीं-कहीं मांस इतना अधिक नोच लिया गया था कि मांस के मध्य की अस्थि की श्वेतता, मांस की लालिमा के भीतर से भासित हो रही थी। उनके शरीरों की विभिन्न मांसपेशियां टूटी हुई रस्सियों के समान जहां-तहां उलझी हुई थीं। चेहरे स्थान-स्थान से इतने नोचे-खसोटे गए थे कि कोई भी अंग पहचान पाना कठिन था।...

**अगस्त्य** : व्याकुल न हों, यूथपति ! आक्रमणकारियों को उचित दंड देने की व्यवस्था मैं स्वयं करूंगा; और बहुत शीघ्र ही।

**यूथपति** : फिर विलंब कैसा ? जब आपको ज्ञात है कि यह आक्रमण आर्यों ने किया है, तो फिर शीघ्रातिशीघ्र...

**अगस्त्य** : यूथपति ! मुझे ज्ञात है कि आक्रमण आर्यों ने नहीं किया है।

**[यूथपति जैसे न उनकी बात सुनता है, न ग्रहण करता है। वह अपने प्रवाह में कहता जाता है।]**

**यूथपति** : ऋषिश्रेष्ठ ! मैं जानता हूं और मानता हूं कि आपने अनक बार हम वानरों और आर्यों के झगड़े निपटाए हैं।...किंतु अब लगता है कि हमें आपकी बात पर विश्वास करना छोड़ देना चाहिए, क्योंकि अब आपकी बात आर्य भी नहीं मानते। वे हमसे शत्रुता का व्यवहार कर रहे हैं। किंतु हमने अपने विषय में सोच लिया है।

**[अगस्त्य मुस्कराते हैं।]**

**अगस्त्य** : यूथपति ने क्या सोचा है ?

**यूथपति** : हमारे पास शस्त्र नहीं हैं, फिर भी हम युद्ध करेंगे—हाथों से, पत्थरों से, घन से, कुदाल से, हंसियों से, लाठियों से।

हम अपना रक्त बहाकर भी आर्यों का नाश करेंगे। विंध्य की गुफाओं में अपने वीरों को बसाएंगे। कोई आर्य विंध्य की इस ओर आएगा तो उसका वध किया जाएगा। विंध्य को पार करना आर्यों के लिए असंभव हो जाएगा।

**अगस्त्य :** यूथपति, मेरी बात सुनेंगे ?

**यूथपति :** क्यों नहीं ?

**अगस्त्य :** मैं भी तो आर्य हूं।

**यूथपति :** आप हमारे पूज्य भी हैं।

**अगस्त्य :** तो मुझे अपनी बात कहने की अनुमति है ?

**यूथपति :** अनुमति चाह कर आप हमें लज्जित न करें, गुरुदेव ! आप कहें, हम सभी प्रस्तुत हैं।

**अगस्त्य :** जिस रात वानरों पर आक्रमण हुआ है, उसी रात आर्यों पर भी आक्रमण हुआ है। उनके भी जन और धन की हानि हुई है। उनका विचार है कि यह आक्रमण वानरों ने किया है। वे भी विंध्याचल को आकाश तक उठा हुआ, ऊंचा पर्वत बनाना चाहते हैं!...इसका अर्थ समझते हो ? यह आक्रमण उन्होंने नहीं किया।

**यूथपति :** तो किसने किया ?

**अगस्त्य :** ठीक है, तुम्हें इतनी जल्दी विश्वास नहीं हो रहा है। स्वाभाविक ही है। यह भी बताऊंगा कि आक्रमण किस ने किया; किंतु उससे पूर्व थोड़ा तर्क-वितर्क करना चाहूंगा। तुम लोगों ने किसी आक्रमणकारी को पकड़ा नहीं है। कुछ लोगों ने यह अवश्य देखा है कि उनके पास शस्त्र थे और वे अश्वों पर आरूढ़ थे। उनके पास एक कवचरक्षित रथ भी था। यह सूचना तुम्हें है ?

**यूथपति :** जी !

**अगस्त्य :** हुं। यदि मेरा विश्वास कर सको तो यह सूचना मैं तुम्हें देता हूं कि विंध्य के उत्तर के आर्यों के पास कोई कवचरक्षित रथ नहीं है। यहां तक कि आर्यों के किसी सम्राट् के पास भी ऐसा रथ नहीं है।

**यूथपति :** इसका क्या अर्थ हुआ ?

**अगस्त्य :** आक्रमणकारी आर्य नहीं थे। दूसरी बात और भी

महत्त्वपूर्ण है। यदि तुम उनके अश्वों के सुमों के चिह्नों को खोज सको और ध्यान से देखो तो बात और भी स्पष्ट हो जाएगी।

**यूथपति** : क्या ?

**अगस्त्य** : मैं आज प्रातः ही शतालु के साथ गया था। हमने दसियों स्थानों पर आते और जाते अश्वों के सुमों के चिह्नों को खोज निकाला है और उनका परीक्षण किया है। उनको सुरक्षित रखने का प्रयत्न भी हम कर आए हैं। यूथपति चाहें तो स्वयं चलकर देख सकते हैं।

**यूथपति** : क्या सिद्ध होता है सुमों के चिह्नों से ऋषिवर ?

**अगस्त्य** : सिद्ध होती हैं अश्वों के आने और लौटने की दिशाएं। न वे विंध्य के उत्तर से आए हैं, न विंध्य के उत्तर की ओर लौटे हैं। सुमों के चिह्न स्पष्ट बताते हैं कि अश्वारोही दक्षिण-पश्चिम से आए हैं और उसी दिशा में लौटे हैं।

**यूथपति** : तो ?

**अगस्त्य** : आक्रमण करने वाले राक्षस थे। राक्षस न खेती करते हैं, न मजदूरी। वे लूट और हत्या का व्यवसाय करते हैं। वे तुम्हें भी मारते हैं और आर्यों को भी। तुम दोनों एक-दूसरे पर संदेह करते हो और परस्पर झगड़ते हो। अकस्मात् ही आक्रमण हो जाने के मूल में सत्य क्या है, यह जानने की चेष्टा नहीं करते। उस रात राक्षसों ने विंध्य पार कर आर्यों पर आक्रमण किया था। लौटते हुए वे तुम्हारे ग्रामों में भी आग लगाकर लूटपाट मचाते गए, हत्याएं करते गए। इस समय राक्षस अपने ग्रामों और शिविरों में निश्चिंत सोए हुए होंगे। इधर तुम आर्यों से लड़ने की तैयारी कर रहे हो और उधर आर्य तुम से।...

**यूथपति** : ओह ! ऐसी बात तो पहले किसी ने सोची ही नहीं थी, ऋषिवर !

**अगस्त्य** : तुमने कहा था कि आर्य मेरा कहना नहीं मानते। तुम नहीं जानते थे कि तुम क्या कह रहे थे। इस बार मैं तुम्हें क्षमा करता हूं, किंतु भविष्य में यह वाक्य कोई नहीं कह सकेगा। मैंने इस समस्या को सुलझाने का दृढ़ संकल्प

किया है और यह कार्य मैं पूर्ण करके रहूंगा। मैं आर्यों से कह आया हूं कि जब तक मैं वापस न लौटूं, वे झगड़ा न बढ़ाएं। उनकी ओर से चिंता का कोई कारण नहीं है।···अब तुम्हारे सम्मुख एक प्रस्ताव रख रहा हूं···

**यूथपति** : कहिए, गुरुवर !

**अगस्त्य** : मैं तुम्हारे पास आर्यों की एक धरोहर रखवा देता हूं। वह धरोहर एक आर्य ऋषि होगा। जिस दिन तुम अपनी आंखों से आर्यों को वानरों पर आक्रमण करते देख लो, उस दिन उस ऋषि की हत्या कर देना। फिर जो तुम्हारे मन में आए, करना। आर्यों का नाश करना, विंध्य को आकाश बराबर ऊंचा कर अलंघ्य बना देना।

**यूथपति** : इन परिस्थितियों में कौन आर्य ऋषि हमारे मध्य रहेगा ?

**अगस्त्य** : मैं रहूंगा।

**यूथपति** : ···आप रहेंगे ?

**अगस्त्य** : मैं ही नहीं, मेरी पत्नी लोपामुद्रा भी रहेगी।

**यूथपति** : ऋषिवर ! आप कभी लौटकर विंध्य के उस पार नहीं जाएंगे ?

**अगस्त्य** : नहीं !

**यूथपति** : आप हमारे साथ रहेंगे ?

**अगस्त्य** : हां !

**यूथपति** : हमारी संतानों को शिक्षा देंगे ?

**अगस्त्य** : हां !

**यूथपति** : हमें शस्त्र बनाना सिखाएंगे ?

**अगस्त्य** : अवश्य !

**यूथपति** : शस्त्रों का परिचालन ?

**अगस्त्य** : मैं सिखाऊंगा। तुम्हारी सहायता से राक्षसों से प्रतिशोध लूंगा। तुम्हारी रक्षा भी करूंगा। आश्रमवासी स्वयं खेती कर अन्न उपजाएंगे और अपनी स्थूल आवश्यकताओं की पूर्ति भी आत्मनिर्भर रहकर करेंगे। हम तुम पर बोझ नहीं होंगे।

**यूथपति** : आप यहां रहेंगे ! क्या यह सत्य होगा, ऋषिवर ! मुझे विश्वास नहीं होता।

**अगस्त्य :** यह अगस्त्य की वाणी है, यूथपति। असत्य नहीं होगी। अपने ग्रामों के बीच, मुझे आश्रम के लिए स्थान दो और मेरी वाणी को सत्य होता देखो।...

**यूथपति :** ऐसा ही हो।...

**[प्रकाश परिवर्तन]**

**धर्मभृत्य :** यूथपति ने अगस्त्य के विचार से सहमत होकर उन्हें वानर ग्रामों के मध्य आश्रम-स्थापना की अनुमति तो दे दी, किंतु मैं—धर्मभृत्य—ऋषि के इस विचार को समझ नहीं पाया कि वे आश्रम में रहकर किस प्रकार वानरों की सहायता करेंगे।...संभव है कि मैंने ऋषि अगस्त्य से पूर्व ऐसे ऋषि ही न देखे हों, जो अध्यात्म के साथ-साथ जन सामान्य के कल्याणकारी विषयों पर भी उतनी ही तत्परता से विचार करते हों। न केवल विचार करते हों, वरन् उस विचार को यथार्थ में परिणत करने के लिए यूथपति से वचनबद्ध भी हो जाएं। मैं मन ही मन इस शंका का समाधान खोजता रहा, पर जब कोई मार्ग नहीं सूझा तो मैं स्वयं एक दिन अगस्त्य के निकट जा पहुंचा।...

**[प्रकाश परिवर्तन]**

**धर्मभृत्य :** प्रणाम, ऋषिवर !

**अगस्त्य :** सुखी रहो, पुत्र धर्मभृत्य ! आओ, यहां बैठो। कहो, ठीक हो ?

**धर्मभृत्य :** नहीं, ऋषिवर ! ठीक नहीं हूं।

**अगस्त्य :** मन में फिर किसी जिज्ञासा ने वास किया है ?

**धर्मभृत्य :** जी ! मैं एक जिज्ञासावश ही आपके दर्शन के लिए उपस्थित हुआ हूं।

**अगस्त्य :** कहो !

**धर्मभृत्य :** ऋषिवर ! आश्रम से तात्पर्य है आश्रम के ब्रह्मचारी, आचार्य और मुनि। और उनमें से किसी का भी काम न तो खेती करना है और न ही उनकी महत्त्वाकांक्षा है कि वे युद्ध करें। वे लोग तो अपनी मानवता के नाते, अपनी सहानुभूति के कारण, ग्रामवासियों की सहायता

कर दें, वह एक पृथक् बात है; किंतु यदि वे अपना सारा पाठ्यक्रम छोड़, अपनी आध्यात्मिक साधना को तिलांजलि देकर, अधिक बुद्धिमान, अधिक ज्ञानी तथा सांसारिक आडंबरों से मुक्त होने के स्थान पर, स्वयं उन में सम्मिलित होकर, उन्हीं के बीच अपना आश्रम स्थापित कर, वैसे ही बन जाएं तो क्या वे अपने लक्ष्य से भ्रष्ट नहीं हो जाएंगे ?

**अगस्त्य** : आप कह चुके, मुनि धर्मभृत्य ?

**धर्मभृत्य** : जी । किंतु आप मुझे केवल धर्मभृत्य ही कहें, ऋषिवर ! मैं उसी को अपना सौभाग्य मानूंगा।

**अगस्त्य** : चलो, यही सही, धर्मभृत्य ! अब मेरी बात सुनो। भिन्न मत होने के कारण तुम्हें अनुकूल न पड़े तो अन्यथा न मानना।

**धर्मभृत्य** : नहीं ! नहीं ! आप कहें ऋषिवर ! मैं जानना चाहता हूं।

**अगस्त्य** : ...यह ठीक है कि आश्रम के ब्रह्मचारी, आचार्य, ऋषि और मुनि अपने अध्ययन और अध्यापन के बल पर अधिक ज्ञानी, बुद्धिमान, विद्वान और महान् हो जाते हैं। मुक्ति पाने के लिए साधना करते हैं और मुक्त हो जाते हैं। इन्हीं के लिए आश्रम की स्थापना होती है। किंतु तुम मुझे बताओ कि यह बुद्धिमत्ता, ज्ञान तथा मुक्ति समाज से निरपेक्ष होकर भी कोई अर्थ रखती है ? सामाजिक प्रासंगिकता से बढ़कर भी कोई बुद्धि, ज्ञान अथवा साधना होती है ? क्या करेंगे हम ऐसे ज्ञान और बुद्धि का, जो हमारे समाज के काम नहीं आ रही ? क्या आध्यात्मिक साधना का अर्थ अपने भौतिक स्वार्थों से मुक्त होने के सिवाय भी और कुछ है ?...समाजनिरपेक्ष शुद्ध अध्यात्म का भी कोई अस्तित्व है ? अध्यात्म का सुख अपने स्वार्थों से मुक्ति तथा अपने समाज के लिए उपयोगी होकर, उसको सुखी कर, स्वयं सुखी होने से भी कुछ अलग है ? यह कैसी विडंबना है कि जिस समाज के विकास तथा सुख के लिए व्यक्ति बुद्धि और ज्ञान की साधना करता है, वह अपनी साधना की प्रगति के साथ-साथ उसी समाज

स्नेह-सहानुभूति, साहस-वीरता, नम्रता-दृढ़ता, शस्त्र-शास्त्र, तर्क-वितर्क—ये सभी कुछ तो जनकल्याणकारी हैं। मुझे अपनी शरण में ले लें, गुरुदेव ! मुझे अपनी शरण में ले लें···।

**[धर्मभृत्य गुरु के चरणों में अपना मस्तक टिकाकर रो पड़ता है।]**

**धर्मभृत्य** : मैंने तो यह सब मात्र जिज्ञासावश पूछा था, गुरुवर !···मात्र जिज्ञासावश।

**अगस्त्य** : उठो, वत्स !···जब तक मन में जिज्ञासा है, तुम्हारे ज्ञान का पात्र असंख्य विभिन्न संभावनाओं को अपने में समो लेने के लिए अनवरत अपना आकार बढ़ाता जाएगा। वही ज्ञान एक दिन तुम्हें चिंतन के शिखर पर पहुंचाएगा और तब विश्वविख्यात दार्शनिकों की प्रथम पंक्ति में तुम्हारा नाम सर्वोपरि होगा।···समय आएगा कि धर्मभृत्य एक ऐसा रचनाकार बन जाएगा, जिसकी रचना का एक-एक विषय, एक-एक शब्द, एक-एक वाक्य, एक-एक संवाद, एक-एक प्रसंग अकाट्य होगा। अच्छा वत्स ! अब मेरे ध्यान का समय हो गया है।···

**[गुरु के साथ धर्मभृत्य भी उठकर खड़े हो जाते हैं। तभी एक ब्रह्मचारी का द्रुत गति से प्रवेश।]**

**ब्रह्मचारी** : गुरुदेव ! आश्रम पर राक्षसों ने आक्रमण किया है।

**[पार्श्व कोलाहल के मध्य अगस्त्य एक क्षण का विलंब किए बिना, प्रकाश-वृत्त से प्रस्थान कर जाते हैं। धर्मभृत्य असमंजस की स्थिति में एक पग आगे बढ़ाते हैं और ठिठककर दो पग पीछे हट जाते हैं। पार्श्व कोलाहल धीमा पड़ता है।]**

**[प्रकाश परिवर्तन]**

**धर्मभृत्य** : चाह कर भी मैं उस विकट परिस्थिति में अगस्त्य के साथ राक्षसों का सामना करने के लिए उस ओर भाग नहीं पाया। उसी दिन मैं समझ गया था कि मैं स्वयं वीर नहीं

हूं, किंतु वीरों की पूजा करने लगा हूं। स्वभाव से योद्धा नहीं, कवि हूं और कवियों के स्वभाव से तो सभी परिचित हैं। शांति, शांति और शांति। यद्यपि इस घटना से अंतरात्मा जैसे हिल उठी थी। एक भयंकर अत्याचार का रूप मेरी कल्पना के धरातल पर साकार हो उठा था। फिर भी मैं इस दुर्घटना के कुछ समय बीत जाने पर ही आश्रम में उपस्थित हो पाया था। ऋषि अगस्त्य के आश्रम का वातावरण, अन्य आश्रमों से पर्याप्त भिन्न था। कदाचित् स्वयं ऋषिका मां लोपामुद्रा के कारण। वहां मेरा सत्कार आश्रम के अतिथि के समान कम, गृहस्थ के अतिथि के समान ही अधिक होता था। मैं जब-जब आश्रम में ऋषि मां के दर्शन करता था, आंखें डबडबा आती थीं और चेहरे पर असाधारण उल्लास बिखर जाता था। उनके लिए शब्दों में कुछ कह पाना मेरे लिए असंभव हो जाता था। उस दिन ऋषि मां और उनकी शिष्या शतालुपुत्री प्रभा—दोनों ही कुछ समय पूर्व राक्षसों के आक्रमण से घायल हो चुके व्यक्तियों का उपचार कर रही थीं कि मैं भी आश्रम के केन्द्र में एक ओर जाकर खड़ा हो गया।···

[प्रकाश परिवर्तन]

**[धर्मभृत्य देख रहे हैं कि दो व्यक्ति घायल अवस्था में हैं। शतालु अचेत है। दूसरा व्यक्ति सचेत है और पीड़ा से कराह रहा है। लोपामुद्रा उसका उपचार कर रही हैं। प्रभा छोटी-मोटी उपचार सामग्री उठा-उठाकर लोपामुद्रा को पकड़ा रही है। आहत का कराहना कुछ शांत हो जाने पर।]**

**लोपामुद्रा** : मुझे बताओ, भास्वर ! यह सब कैसे हुआ ?··· यदि बताने में विशेष कष्ट हो तो अभी रहने दो।

**भास्वर** : नहीं, ऋषि मां ! जो देखा है, उससे अधिक कष्ट बताने में नहीं है। मैं और मेरा बालसखा यह शतालु—हम दोनों ही आश्रम की ओर आ रहे थे। हमने मार्ग में दो राक्षसों को बैठे हुए देखा। वे लोग डीलडौल में हमसे बहुत बड़े

से असंपृक्त हो, आत्मसीमित, आत्मकेंद्रित तथा स्वार्थी होता जाता है ! जब आपके आस-पास का मानव समाज अकाल की स्थिति में भूख और गृहयुद्ध की स्थिति में प्रेमाभाव में तड़प-तड़पकर मर जाएगा, तो हमारा तप, साधना, ज्ञान, अध्ययन—यह सब किस के काम आएगा ? यह एक पक्ष है। इसका दूसरा पक्ष राक्षसी संस्कृति और चिंतन है। क्या आप यह नहीं मानते हैं कि इस समय स्वार्थजीवी ज्ञानी, विज्ञानी और बुद्धिजीवी ही राक्षस संस्कृति के मूल में हैं ? उन्होंने समस्त मानवीय ज्ञान-विज्ञान, चिंतन-मनन इत्यादि को समाज-निरपेक्ष तथा स्वार्थ-सापेक्ष कर रखा है। यदि हम भी उसी मार्ग पर चलकर अपनी एकांत साधना को बौद्धिक ऊंचाइयों तक ले जाना चाहें तो उसका कोई लाभ नहीं है। शक्ति चाहे शारीरिक हो, चाहे बौद्धिक, जब समाज और मानवता से निरपेक्ष हो जाती है, न्याय-अन्याय का विचार छोड़, असमर्थ के विरुद्ध, समर्थ के पक्ष में खड़ी हो जाती है, तो वह राक्षस शक्ति है। तुम ही बताओ, धर्मभृत्य ! क्या मैं अपनी शांति के लिए, केवल अपने आश्रमवासियों की रक्षा के लिए, सामान्य जन को बलि की वेदी पर चढ़ा देने के लिए, राक्षसों से समझौता कर लूं ? क्या उनकी बात मान लूं ? क्या अपना शस्त्रज्ञान उन्हें समर्पित कर एक और शुक्राचार्य बन जाऊं ? क्या मैं भी उनमें से ही एक हो जाऊं ? शस्त्र, औषध तथा अश्वपालन संबंधी अपना समस्त ज्ञान उन्हें देकर राक्षसों को और भी शक्तिशाली बना दूं ? अपने आश्रम से आर्य संस्कृति को निष्कासित कर, इसे राक्षस संस्कृति का गढ़ बन जाने दूं ? क्या मैंने ऐसे बुद्धि-ज्ञान के विकास के लिए ही इन वानर ग्रामों के बीच इस आश्रम की स्थापना की है ?

**धर्मभृत्य :** नहीं ! नहीं ! गुरुदेव ! नहीं। मैंने आज से पहले जिन ऋषियों से साक्षात्कार किया है, वस्तुतः आप उन सबसे भिन्न हैं। ऋषिश्रेष्ठ ! आपका चिंतन-मनन, आचार-विचार, अध्ययन-अध्यापन, पूजा-साधना, ज्ञान-विज्ञान,

और शारीरिक शक्ति में बहुत अधिक थे। उनके वस्त्र अत्यंत भड़कीले, मूल्यवान और भद्दे थे। शरीर पर विभिन्न प्रकार के मणि-माणिक्य तथा स्वर्णाभूषण इस विपुलता से पहने हुए थे कि वे आभूषण न लगकर कबाड़ का आभास दे रहे थे। यद्यपि हमें उनका यह भद्दा व्यक्तित्त्व अत्यंत आपत्तिजनक लग रहा था, पर हमने उनसे कुछ कहा नहीं, क्योंकि हमारा ही नहीं, अनेक ग्रामीणों का भी यह अनुभव है कि इन राक्षसों से कोई अच्छी बात कही जाए, या उनके सार्वजनिक दूषित व्यवहार के लिए उन्हें टोका जाए, तो वे लोग तनिक भी लज्जित नहीं होते; उलटे झगड़ा करने लगते हैं। उनके पास शारीरिक शक्ति है, शस्त्रबल है, धनबल है और फिर कोई शासन उनका विरोध भी तो नहीं करता। इन राक्षसों से झगड़ा कर हम कभी भी जीत नहीं पाते। ऋषि अगस्त्य साथ हों, तब तो कोई बात नहीं, अन्यथा राक्षसों के अनुचित व्यवहार को देखते हुए भी लोग सामान्यतः आंखें मूंद लेते हैं, क्योंकि अभी हम उनका प्रतिकार करने में पूर्णतः सक्षम कहां हो पाए हैं, ऋषि मां ! ...शायद हम लोग भी उन्हें कुछ न कहते, पर तभी आर्या अनुगता उधर से आ निकलीं। उनमें से एक राक्षस ने अपने पीले दांत निपोरते हुए आकर आर्या अनुगता का मार्ग छेक लिया। और तब हमें ज्ञात हुआ कि वे राक्षस मदिरा पीकर धुत्त थे। उन्होंने आर्या अनुगता को पकड़ लिया और अनेक अशिष्ट बातें कहने लगे। हमारे लिए उनकी उपेक्षा करना संभव नहीं रहा। सोच-विचार का समय नहीं था, ऋषि मां ! वह तो उस क्षण की मांग थी। यदि हम सोचते रह जाते तो वे राक्षस या तो आर्या अनुगता को मार डालते, या फिर उन्हें उठाकर ले जाते। हमने उन्हें ललकारा। हम निःशस्त्र थे। परिणाम आपके सामने है।...वे राक्षस तो संभवतः हम तीनों को फाड़कर खा ही जाते; किंतु उससे पूर्व ही ऋषि अगस्त्य तथा सामान्य लोगों की भीड़ वहां आ पहुंची। ऋषि तो इतने क्रुद्ध थे कि भागते हुए राक्षसों का पीछा करते जा रहे

थे और हाथ में सधा हुआ शूल फेंक-फेंककर मारते जा रहे थे।

**लोपामुद्रा** : हुं ! तुम्हारे ऋषि तो अब उन दुष्टों के प्राण लेकर ही लौटेंगे।

**धर्मभृत्य** : ऐसा ही हो।

**लोपामुद्रा** : पुत्र धर्मभृत्य ! तुम कब आए ?

**धर्मभृत्य** : मैं आपसे दूर ही कहां जा पाता हूं, ऋषि मां !

**[तभी कहीं दूर से लोगों के घुले-मिले स्वर तथा असंख्य पदचापों की ध्वनि सुनाई पड़ती है। आश्रम में उपस्थित सभी का ध्यान उस ओर चला जाता है। शूल लिये अगस्त्य का प्रवेश। फिर चार ब्रह्मचारी उन दोनों राक्षसों का शव घसीटते हुए प्रवेश करते हैं। उनके पीछे अनेक वृद्ध-वृद्धाएं, स्त्री-पुरुष, बालक-बालिकाओं का प्रवेश। आश्रम में उपस्थित सभी जन देखकर दंग रह जाते हैं। अगस्त्य का चेहरा शिराओं में उफनते हुए रक्त की लालिमा से दमक रहा है। आश्रम में अतिरिक्त रूप से मौन छा गया है। केवल अगस्त्य के चढ़ते-उतरते क्रुद्ध श्वास स्पष्ट सुनाई दे रहे हैं। प्रकाश क्रमशः क्षीण होते-होते अंधकार।]**

**[प्रकाश परिवर्तन]**

**धर्मभृत्य** : उन दोनों राक्षसों से सम्मुख युद्ध कर, उन्हें धराशायी कर देने के पश्चात् वानर यूथपतियों, ग्रामप्रमुखों तथा सामान्य जन की अपेक्षाओं पर अगस्त्य पूरे उतर रहे थे। बात हिंसा-अहिंसा की नहीं थी। बात थी अन्यायियों, अत्याचारियों और आक्रमणकारियों से प्रतिशोध लेने की और अगस्त्य प्रतिशोध ले रहे थे। एक प्रकार से अगस्त्य इस पूरे क्षेत्र के निवासियों के स्वप्न को साकार कर रहे थे। उन्होंने किन्हीं राजाओं अथवा यूथपतियों का मुख नहीं देखा। अपनी और अपने अनुयायियों की रक्षा के लिए अपनी सशस्त्र आश्रमवाहिनी का निर्माण किया था।

अगस्त्य-आश्रम की स्थापना से पूर्व राक्षसों के आक्रमण सर्वथा एकपक्षीय थे। कभी-कभी उनका प्रतिरोध तो होता था, किंतु प्रत्याक्रमण कभी नहीं हुआ। राक्षस सर्वथा निर्भय थे। वे अपनी शक्ति के मद में इतने उन्मत्त थे कि उन्होंने कभी सावधानी नहीं बरती कि इस क्षेत्र के आश्रमों में से कौन गया और कौन आया। किस आश्रम की कैसी गतिविधि है। किंतु अब अगस्त्य के इस क्षेत्र में बस जाने और चट्टान के समान राक्षस शक्ति के मार्ग में अड़ जाने के कारण राक्षस भी कुछ सावधान हो गए लगते थे। उनकी जैसे पूरी की पूरी वाहिनियां ही आश्रम के आस-पास अपना स्कंधावार बनाकर किसी उपयुक्त अवसर की प्रतीक्षा में घेरा डाले पड़ी थीं। छिटपुट टकराव तो होते रहते थे किंतु युद्ध की स्थिति अभी नहीं आयी थी। एक दिन ऋषि को सूचना मिली कि इल्विल और वातापी नामक दो राक्षस छद्म वेश में उनके आश्रम में घुस आए हैं और उनकी आश्रमवाहिनी में किसी प्रकार के भितरघात की चेष्टा में हैं। राक्षसी स्कंधावार के लोग कदाचित् इल्विल और वातापी के इसी भितरघात की प्रतीक्षा में रुके हुए थे। उनकी इच्छा थी कि एक साथ बाहरी और भीतरी आक्रमणों से आश्रमवाहिनी घबरा उठे और राक्षस सुविधापूर्वक ऋषि की हत्या कर सकें। अगस्त्य ने बड़ी सावधानी से अपनी वाहिनी में उन दो राक्षसों की पहचान की और उनका वध कर डाला। इससे पूर्व कि राक्षसों के स्कंधावार में इसका समाचार पहुंचता, आश्रमवाहिनी ने राक्षसों के स्कंधावार पर आक्रमण कर दिया। राक्षस असावधान थे और विलास में मग्न। इस आकस्मिक आक्रमण को झेल नहीं पाए और अपने सहयोगियों के शवों को कंधों पर लादकर, एक बड़ी सेना के साथ लौटकर प्रतिशोध लेने की धमकी देते हुए, भाग खड़े हुए। इसी के साथ संपूर्ण क्षेत्र, विशेषकर अगस्त्य तथा अन्य आश्रमवासियों के प्राणों पर संकट बढ़ गया। अब कभी भी, किसी भी समय, किसी भी क्षण आश्रम

पर राक्षसों के किसी बड़े दल का आक्रमण हो सकता था।...

**[उसी प्रकाशवृत्त में अगस्त्य का प्रवेश]**

**अगस्त्य** : धर्मभृत्य !

**धर्मभृत्य** : आज्ञा, गुरुदेव !

**अगस्त्य** : वत्स ! समस्त आश्रमवासियों को सूचना दो कि सब को कुटिया के सम्मुख वाले प्रांगण में तत्काल उपस्थित होना है, अत्यंत आवश्यक कार्य है।...

**[अगस्त्य का दूसरी दिशा में प्रस्थान]**

**धर्मभृत्य** : मैंने गुरु की आज्ञा का पालन किया।...और कुछ ही पलों में निवेदन किया कि गुरुदेव ! आपकी आज्ञानुसार समस्त आश्रमवासी प्रांगण में उपस्थित हैं।

**[प्रकाश परिवर्तन]**

**[समस्त आश्रमवासियों के मध्य अगस्त्य खड़े हैं।]**

**अगस्त्य** : मैं किसी निष्कर्ष पर नहीं पहुंच पा रहा हूं कि राक्षस रात्रि में आश्रम पर आक्रमण करेंगे या नहीं।

**धर्मभृत्य** : यदि वे अपने साथियों के वध के समाचार से क्षुब्ध हो कर तत्काल चल पड़े तो उन्हें रात्रि में ही आना चाहिए, गुरुदेव !

**लोपामुद्रा** : धर्मभृत्य ठीक कह रहा है। वैसे भी रात्रियुद्ध ही निशाचरों की प्रकृति के अधिक अनुकूल पड़ता है।

**अगस्त्य** : पर इसका एक विपरीत पक्ष भी है। संभवतः वे अपने सहयोगियों के वध से भयभीत होकर, किंकर्तव्यविमूढ़ हो जाएं। ऐसी स्थिति में उन्हें शवों का प्रबंध करते, उस घटना के शोक और झटके से उबरते तथा परस्पर विचार-विनिमय करते हुए, रात्रि व्यतीत हो जाएगी। ऐसी स्थिति में वे लोग प्रातः ही आक्रमण कर पाएंगे।

**शतालु** : ऋषिश्रेष्ठ ! आप निश्चिंत रहें। राक्षसों का आक्रमण चाहे रात्रि में हो अथवा प्रातः, आपकी कृपा से आपके शिष्य उनसे युद्ध करने में पूर्णतः समर्थ हैं।

**भास्वर :** प्रश्न यह नहीं है, ऋषिवर ! कि राक्षस कब आक्रमण करेंगे, प्रश्न यह है कि वे किस घड़ी में मरना चाहते हैं। वे अपनी मृत्यु की घड़ी में ही आक्रमण करेंगे।

**अगस्त्य :** भास्वर ! मैं तुम लोगों की निर्भयता और साहस को देखते हुए अत्यंत आश्वस्त हूं।

**साझा :** यह सब तो आपकी ही कृपा का प्रताप है, ऋषिश्रेष्ठ ! देखिए, अब तो मैं भी शस्त्र धारण करने लग गई हूं। अब राक्षस हमारा तनिक भी अहित नहीं कर पाएंगे।

**लोपामुद्रा :** राक्षसों के विषय में ऐसी बात कहने वाले, अपने जीवन में तुम सब हमें पहले ही वीर मिले हो; अन्यथा अब तक हमने राक्षसों का नाम सुनते ही पीले पड़ते हुए चेहरे, कांपते हुए हाथ और भागते हुए पांव ही देखे हैं। तुम सभी की शक्ति, वीरता, न्यायबुद्धि तथा दृढ़ निर्णय राक्षसों के काल हैं। इसका हमें पूर्ण विश्वास है।

**अगस्त्य :** यद्यपि तुम सबके कथन में मुझे तनिक भी संदेह नहीं है, फिर भी वीरो ! मुझे और भी बहुत कुछ सोचना है। मुझे असंख्य लोगों को एक बड़े युद्ध के लिए तैयार करना है।...मैं भविष्य को अपनी खुली आंखों से साक्षात देख पा रहा हूं। यह युद्ध न्याय का युद्ध है, मात्र मेरे या तुम्हारे युद्ध कर लेने से हमें लक्ष्य की प्राप्ति नहीं होगी। इस संपूर्ण क्षेत्र के लोग, राक्षसों तथा उनके सहयोगियों के दुर्विनीत अत्याचारों को सहते-सहते न केवल निष्क्रिय, कायर तथा अतिसहिष्णु हो गए हैं, वरन् लोग न्याय के प्रति अपनी निष्ठा, तेज, आत्मविश्वास—सब खो चुके हैं।...उनके सहयोग के बिना, उनके द्वारा किए गए किसी भी प्रयत्न के अभाव में, यदि हम समस्त राक्षसों का विनाश कर भी देंगे तो उनका तेज और आत्मविश्वास नहीं लौटेगा। वे लोग यह मान लेंगे कि अत्याचारियों से लड़ने में वे अक्षम हैं। भविष्य में भी राक्षसों का जन्म होता ही रहेगा। तब ये ही सामान्य जन उनके अत्याचारों को प्रतिरोधरहित होकर सहन करेंगे और किसी अगस्त्य की प्रतीक्षा करेंगे। हमें राक्षसों का

नाश करने के साथ-साथ जनसामान्य का तेज तथा आत्मविश्वास भी लौटाना होगा। न्याय में उनकी खोयी आस्था और निष्ठा पुनः प्रतिष्ठित करनी होगी। उन्हें निर्भयता की दीक्षा देनी होगी। अदीक्षित प्रजा के माध्यम से की गई क्रांति बहुधा दिग्भ्रमित हो जाती है और संत के रूप में छिपे हुए भेड़िए निरीह प्रजा का रक्त चूसने लगते हैं।...उपस्थित सज्जनो ! अभी तक राक्षसों से हमारा युद्ध चल रहा है, चाहे शस्त्र न चल रहे हों और वे यहां उपस्थित न हों। युद्ध की स्थिति वर्तमान है और उनका आक्रमण होगा। यह निश्चित् नहीं है कि आक्रमण कब होगा। हमें इसी क्षण से पूर्णतः सावधान रहना है। जिसके पास जो भी शस्त्र हो, उसे धारण करे और सन्नद्ध रहे।

**धर्मभृत्य :** गुरुवर !...मैं आपकी प्रशंसा किए बिना रह नहीं पा रहा हूं।...

**[अगस्त्य अत्यंत गंभीर क्षणों में भी परिहास कर उठते हैं।]**

**अगस्त्य :** लेखक महोदय ! अपनी प्रशंसा सुनने के लिए मैं उत्सुक हूं।

**[अगस्त्य को परिहास की मुद्रा में देख, धर्मभृत्य सहित उपस्थित जन ठहाका लगा देते हैं।]**

**धर्मभृत्य :** आपके आने से पहले यहां रात्रि के समय वन्य पशुओं के समान राक्षस उन्मुक्त विहार करते फिरते थे। सारे क्षेत्र का वातावरण उनके मदिरालिप्त विलासी, उच्छृंखल अट्टहासों से, उनके अश्लील और अशिष्ट शब्दों से सदा आहत होता रहता था। राक्षस शिविरों में तो भयंकर शोर होता था। व्यक्तिगत रूप से मैं अत्यंत आतंकित रहता था। मेरा थोड़ा बहुत लिखना-पढ़ना भी असंभव हो जाता था। मेरे मन-मस्तिष्क में आठों प्रहर उनके आक्रमण की आशंका बनी ही रहती थीं। अन्न-जल ग्रहण करना, स्नानादि, सोना-बैठना सब कुछ दूभर था। लगता था इन सबसे कभी

पीछा नहीं छूटेगा। किंतु आपने अपनी कृपा से हम सब को समर्थ बनाया और उन राक्षसों को ऐसा पानी पिलाया कि आज चारों ओर शांति है।...न उनके आखेट का स्वर है, न नृत्य का। आज वे अपने कई साथियों के वध से भयभीत होकर शिविर ही छोड़कर भाग गए लगते हैं।

**अगस्त्य** : उन्हें तो भागना ही था, वत्स ! क्योंकि वे वीर नहीं, अत्याचारी थे।

**धर्मभृत्य** : सत्य है, गुरुदेव ! सत्य है। वे निःशस्त्र दुर्बलों तथा अयुयुत्सु लोगों पर सहज ही अत्याचार कर लेते हैं और जब आप जैसा कोई समर्थ प्रतिद्वंद्वी उन्हें मिल जाता है, तो उनमें युद्ध का उत्साह नहीं रह जाता।...आपकी प्रशंसा में मेरे पास शब्द तो नहीं हैं, गुरुवर ! पर इतना तो अवश्य कहूंगा कि ऋषि अगस्त्य किसी जाति, वर्ण, आकार अथवा पक्ष का नाम नहीं है। वह मानवीय सिद्धांत, आदर्श और महान् चरित्र का नाम है। वह एक असाधारण तेजपुंज का नाम है।

**[यूथपति का प्रवेश। गुरु के चरण स्पर्श करता है।]**

**यूथपति** : प्रणाम, गुरुदेव !

**अगस्त्य** : सुखी रहो।

**[ग्रामीणों की टोली का कुछेक वस्तुएं उठाए हुए प्रवेश।]**

**समवेत स्वर** : प्रणाम, गुरुदेव !

**अगस्त्य** : सुदीर्घ जीवन पाओ।

**[ग्रामीण गुरु के सम्मुख वस्तुएं रख देते हैं। अगस्त्य उन्हें प्रश्नभरी दृष्टि से देखते हैं।]**

**यूथपति** : मैं अभी-अभी राक्षस स्कंधावार से शोध करके लौटा हूं, गुरुवर ! ये वस्तुएं मेरे शोध का फल हैं।

**[अगस्त्य के साथ उपस्थित जन भी झुककर उन वस्तुओं को पहचानने की चेष्टा करते हैं।]**

**यूथपति** : ये स्वर्ण के ढेर, मणि-माणिक्य और ये मदिरा के बड़े-बड़े

अनेक भांड़, ये स्नायु-उत्तेजक विभिन्न औषधियां, ये विभिन्न प्रकार के विष, ये मानव मुंड तथा अस्थियां, ये लौह खड्ग और ये बरछी-भाले...

**अगस्त्य :** हुं । ये ही तो हैं हिंसा और विलास के साधन...अत्याचार के उपकरण...। इन ही के बल पर वे दुष्ट निरीह प्राणियों पर आक्रमण करते फिरते हैं।

**यूथपति :** गुरुदेव ! आपके रहते अब हमारे क्षेत्र में कहीं भी राक्षसों के आक्रमण की संभावना नहीं दीखती।

**अगस्त्य :** संभावना सचमुच बहुत कम है। पर सावधानी अत्यावश्यक है। यद्यपि हमारे आस-पास राक्षस नहीं रहे, फिर भी उनका आतंक अभी भी असंख्य लोगों के मन में गहरा उतरा हुआ है।

**यूथपति :** वस्तुतः आप पूज्य हैं। जैसे ही मैंने सुना कि राक्षस आपके आतंक से अपना शिविर ही छोड़कर भाग गए हैं, क्या बताऊं, गुरुदेव ! मैं कितना प्रसन्न हुआ !...जो मेरे पास आया, उसकी जिह्वा पर यही चर्चा थी। सबके भीतर एक नया उत्साह जाग उठा है, तात ! क्षेत्र का बच्चा-बच्चा अब राक्षसों का काल बनने का स्वप्न देख रहा है। लोग इतने अल्प समय में कैसे इतने बदल गए हैं, गुरुवर ?

**अगस्त्य :** सामान्य जन के साथ यही होता है। उनके सम्मुख बलिदान का आदर्श रखो तो उनके मन में बलिदान की भावना जागती है, स्वार्थ का रखो तो स्वार्थ की। संगठन की भावना रखो तो वे संगठित होते हैं। खंडन और विभाजन का उदाहरण उनके सम्मुख रखो तो वे अपने साथ-साथ, राष्ट्र और समाज को भी खंड-खंड कर देते हैं।... ऐसे समझो कि प्रजा उस निर्मल जल के समान है, जिसे किसी भी पात्र में डाल देने पर वह उसी का आकार ग्रहण कर लेती है।

**यूथपति :** मेरा मन है, आर्य कुलपति ! कि मैं भी अपना सब कुछ त्यागकर, आपके आश्रम में रहकर, आपके निकट आने का सौभाग्य प्राप्त करूं।

**अगस्त्य :** आप जहां भी हैं, मेरे निकट ही हैं। राक्षसों का नाश,

दुर्बलों की रक्षा, जन सामान्य के साथ न्याय, समता, वीरता और आत्मनिर्भरता के भावों की उत्पत्ति, उन्हें शिक्षित करना, उन्हें जगाना—ये सब मैं आपकी ही सहायता से कर पाऊंगा, यूथपति !

**यूथपति** : आज्ञा करें, गुरुदेव ! मेरे लिए क्या आदेश है ?

**अगस्त्य** : सूचनाएं प्रसारित करने का कर्तव्य आप संभालें। यथासंभव जितने अधिक ग्रामों को सूचना भिजवा सकें, भिजवा दें कि राक्षसों का शिविर नष्ट हो चुका है। अब भविष्य में आक्रमणकारी राक्षसों के विरुद्ध धर्मयुद्ध करने के लिए उन्हें यथाशीघ्र यहां पहुंचना है।

**यूथपति** : आदेश का शब्दशः पालन होगा।

**अगस्त्य** : और हां ! संदेश उन युवकों के हाथ भेजें, जो इस अंधकार में भी वन के भीतर से होकर जा सकें और स्वयं को राक्षसों की दृष्टि से बचा सकें।

**यूथपति** : ऐसा ही होगा, गुरुदेव !

**[यूथपति गुरु के चरण स्पर्श कर प्रस्थान कर जाता है।]**

**अगस्त्य** : धर्मभृत्य !

**धर्मभृत्य** : आज्ञा, गुरुदेव !

**अगस्त्य** : तुम आश्रमवासियों की सशस्त्र टोलियां आश्रम की सीमा के साथ-साथ नियुक्त कर दो। यथासंभव कुछ लोग आश्रम क़ी सीमा के आगे, वन में गुप्त रूप से रहें। कुछ टोलियां हमारे सारे आश्रम में फेरियां लगाएं। सूचनाओं के आदान-प्रदान की व्यवस्था विशेष सावधानी से की जाए।...आप सब लोग धर्मभृत्य के साथ जाएं और ये जैसा कहें, ठीक वैसा ही करें।

**[धर्मभृत्य के पीछे आश्रमवासियों का वस्तुएं उठाए प्रस्थान]**

**अगस्त्य** : लोपामुद्रा !

**लोपामुद्रा** : स्वामि !

**अगस्त्य** : विभिन्न ग्रामों से जितने भी वृद्ध-वृद्धाएं और शिशु आश्रम

में पहुंचें, तुम उन्हें कुटीरों में ले जाओ और सचेत कर दो कि किसी भी प्रकार का कोलाहल सुनकर आतंकित न हों; और किसी भी स्थिति में, कितना भी संकट हो, वे बाहर न आएं। आगंतुक स्त्रियों को भास्वर की पत्नी और साझा के साथ पाकशाला सौंप दो तथा तुम स्वयं और प्रभा चिकित्सा कुटीर संभालो।…

लोपामुद्रा : अच्छा, आर्य !

अगस्त्य : …और आश्रम के मुख्य द्वार पर अपनी वाहिनी के साथ मैं स्वयं रात्रिभर सन्नद्ध रहूंगा।

**[साझा, प्रभा तथा लोपामुद्रा का प्रस्थान। केवल अगस्त्य अपने शरीर पर शस्त्र सज्जित करते दिखाई पड़ रहे हैं।]**

**[प्रकाश परिवर्तन]**

धर्मभृत्य : यदि उस रात्रि में आक्रमण हो ही जाता, तो कह नहीं सकता कि मैं स्वयं, इस कथा को लिखने के लिए, जीवित भी बच पाता अथवा नहीं।…यद्यपि मुझे अपने प्राणों का उतना मोह नहीं, जितना इस कथा को लिखते रहने का है। पर सौभाग्य कहूं या ऋषि का प्रताप, ऐसा कुछ हुआ नहीं। देखते-देखते वानर ग्रामों का वातावरण कितना बदलता जा रहा था। राक्षसों के भय का कोहरा मिटता जा रहा था और अगस्त्य पर लोगों की आस्था निरंतर बढ़ती जा रही थी। लोगों के चेहरे ऐसे प्रकाशित हो रहे थे, जैसे आज तक का दमित उल्लास एक बार ही प्रकट हो आया हो। पहले तो लोगों ने राक्षसी आतंक से भयभीत होकर, समुद्रतट पर जाना ही छोड़ दिया था; पर अब वे निर्भय थे। इन दिनों वरुण देवता की पूजा-अर्चना अत्यधिक बढ़ गई थी।

**[प्रकाश परिवर्तन]**

**[अनेक ग्रामीण सागरतट पर पूजा करते दिखाई दे रहे हैं, किंतु प्रभा, जो अब किशोरावस्था से**

**युवावस्था में प्रवेश कर चुकी है, सागरतट पर खड़ी किसी की प्रतीक्षा करती दिखाई पड़ती है। मूल्यवान वस्त्रों तथा मणि-माणिक्य से सुसज्जित एक युवक का प्रवेश।]**

**प्रभा :** मुर्तू ! मुर्तू !

**युवक :** हुं ! क्या तुमने मुझे पुकारा ?

**प्रभा :** हां ! तुझे पुकारा।

**युवक :** अरे, पर मैं तो तुम्हें जानता नहीं।

**प्रभा :** पर मैं तो तुझे पहचान गई।

**युवक :** पहचान गई ? कैसे ?

**प्रभा :** क्या तू मुर्तू नहीं है ?

**युवक :** हां ! ...मैं मुर्तू ही हूं, पर...।

**प्रभा :** पर क्या ?

**मुर्तू :** पर...तुम...मुझे...।

**प्रभा :** पहचान गई । मुर्तू...मुर्तू...मुर्तू...।

**मुर्तू :** अरे-अरे, पहचान गई ठीक है, पर इतना शोर क्यों मचा रही हो !...लोग सुनेंगे...क्या कहेंगे ?

**प्रभा :** क्या कहेंगे ? अरे, वे लोग भी तुझे मुर्तू ही कहेंगे। और क्या कहेंगे ?

**मुर्तू :** देखो ! मैं प्रायः पंद्रह वर्षों के पश्चात् अपने गांव लौटा हूं। जब गांव से गया था तो बहुत छोटा था, इतना छोटा कि यदि आज मैं किसी को न बताऊं कि मैं भास्वर का पुत्र मुर्तू हूं तो कोई भी मुझे पहचान नहीं पाएगा। शायद किसी को मेरे वापस लौटने की आशा भी शेष नहीं रह गई होगी।

**प्रभा :** पर मुझे तो आशा थी कि तू लौटेगा। तभी तो वर्षों से इस तट पर खड़ी रहकर कई-कई प्रहर तेरी बाट जोहती रही। ग्रामवासियों ने, यहां तक कि तेरे माता-पिता ने भी यह स्वीकार कर लिया है कि हमारा मुर्तू अब जीवित नहीं है।

**मुर्तू :** अब ऐसा सोचना स्वाभाविक ही है। मैं गया भी तो कुछ

इसी ढंग से था। हुआ यह था कि…।

**प्रभा :** मुझे क्यों बता रहा है ! तेरे जाने का दिन तो अब भी मेरे मन पर कुछ इतने स्पष्ट रूप से अंकित है कि आज भी मुझे एक-एक बात स्मरण है। उस दिन तू वन में अपने मित्रों के साथ पशु चरा रहा था। तभी हमारे ग्राम पर आक्रमण हुआ था। तू उस समय कहां था, यह ध्यान किसी को नहीं था, पर मुझे था। उस दिन ग्राम में क्या उत्पात हो रहा था, तू नहीं जानता था। मैं जानती थी। मैं भागती हुई तुझे सब कुछ बताने के लिए वन में आ गई थी। वहीं मैंने देखा कि वन में तीन-चार योद्धा भी घुस आए हैं। उनके पास खंग के अतिरिक्त भी कई प्रकार के शस्त्र थे, जिनके विषय में तब तक मैं कुछ नहीं जानती थी। योद्धा हृष्ट-पुष्ट थे। उनके वर्ण मिले-जुले थे—गोरे, पीले और काले। किंतु वे अपने आकार-प्रकार से एक समान थे। उनमें से प्रत्येक मेरे देखे हुए ग्रामीणों से लंबा-चौड़ा था। आक्रमणकारी तुझे और तेरे मित्रों को धकियाते हुए ले जा रहे थे। तुम लोग भय से पीले पड़े चुपचाप आक्रमणकारियों के संकेतों पर चले जा रहे थे।…मैं निरंतर तुम लोगों का पीछा करती, एक-एक वृक्ष की ओट में छिपती, आगे बढ़ती जा रही थी। डरी, सहमी और घबराई हुई आंखों से मैंने देखा—आक्रमणकारी तुम्हें ग्राम की ओर न ले जाकर समुद्र की ओर ले जा रहे थे।…

**मुर्तू :** हां ! एकदम यही…यही हुआ था उस दिन। मैं समझ नहीं पा रहा था कि आक्रमणकारी मुझे और मेरे मित्रों को सागरतट पर क्यों ले आए हैं। मैं पहले कई बार अपने ग्रामवासियों, माता-पिता के साथ सागरतट पर आया था, किंतु हम लोग यहां केवल पूजा के लिए आया करते थे—पूजा चाहे वरुणदेव की हो, समुद्र में से उगते या डूबते सूर्य अथवा चंद्रमा की हो, या किसी अन्य देवी-देवता की। किंतु यह न तो सूर्योदय का समय था, न सूर्यास्त का और यदि आक्रमणकारी वरुण अथवा सूर्य की पूजा ही

करना चाहते थे, तो वन से घेरकर हम लोगों का यहा लाने की क्या आवश्यकता थी ? समुद्रतट पर पहुंचकर हम लोग रुक गए। न आक्रमणकारी आपस में बातें कर रहे थे और न भय के मारे हम बच्चे ही कुछ बोल रहे थे। आक्रमणकारी उत्सुकतापूर्वक व्यग्र दृष्टि से समुद्र की ओर देख रहे थे, और हम बच्चे कभी एक-दूसरे के और कभी आक्रमणकारियों के चेहरे देख लेते थे। कितने क्रूर थे उनके चेहरे !···तभी समुद्र में से एक बड़ी नौका जैसी वस्तु हमारी ओर आती दिखाई दी। आक्रमणकारियों के चेहरे प्रसन्न हो गए थे। मैं चकित रह गया । वह वस्तु सचमुच ही एक बहुत बड़ी नौका निकली। उसमें अनेक लोग बैठे हुए थे और अपने हाथों में पकड़ी लकड़ियों से पानी को पीछे हटा रहे थे और संभवतः उसी प्रक्रिया से नौका आगे बढ़ रही थी। मैंने ध्यानपूर्वक देखा, नौका चल रही थी। मुझे स्मरण हो आया—मैंने अपने बाबा से अनेक बार समुद्र और नौकाओं के संबंध में बहुत-सी विचित्र बातें सुन रखो थीं और तब मैं यह सोचने पर बाध्य हो गया कि यदि इन आक्रमणकारियों ने मेरा अपहरण न किया होता, तो मैं इस विचित्र वस्तु नौका को कैसे देख पाता ! उन्होंने हम सब बच्चों की पीठ पर लात मारकर हमें उस नौका पर लाद दिया था। मेरे बाल-मन के लिए यह सब अद्भुत था। मेरे सम्मुख एक नया संसार खुल गया था। और मैं स्वयं ही अपनी स्थिति को देख-देखकर चकित था। मुझे स्वयं नहीं मालूम था कि आज तक जिस समुद्र को देवता मानकर मैंने दैनिक जीवन से बहुत दूर रखा था, उसी समुद्र पर चलने वाली नौकाओं में मेरी इतनी गहरी रुचि थी ? आक्रमणकारी पहले से बंदिनी बनाई गई स्त्रियों से ठहाके मार-मारकर अपना मनोरंजन करते रहे।···स्त्रियां भी चीखती-चिल्लाती रहीं और हम बच्चे समुद्र में चलती हुई नौका में बैठे-बैठे दूर निकलते चले गए। मैंने उस जलमार्ग में कई बार चाहा कि नाव से समुद्र में छलांग लगा दूं और अपने ग्राम में पहुंचकर मैं भी इसी

प्रकार की नौकाएं बनाऊं। पर क्या करता, हम सभी अपहृत लोगों के हाथ-पैर मोटी-मोटी रस्सियों से जकड़े हुए थे; और उन दैत्याकार लोगों के हाथों में कशा तथा भाले थे।···

**[प्रभा सुनते-सुनते हथेलियों में चेहरा छिपाकर सुबक पड़ती है।]**

**मुर्तू :** अरे ! इसमें रोने की क्या बात है ?···अच्छा लो, मैं कुछ नहीं सुनाता।···बस, अब चुप हो जाओ। हुं ऐसे। अच्छा बताओ, जिस समय मैं यहां से गया था, उस समय तो तुम बहुत ही छोटी रही होगी। हुं। अधिक से अधिक पांच या छह वर्ष की। तब भी तुम्हें एक-एक बात स्मरण है ?

**प्रभा :** हां ! स्मरण है। पर यह मेरी स्मरणशक्ति का कोई चमत्कार नहीं है।

**मुर्तू :** फिर ?

**प्रभा :** जो किसी को स्मरण रखना चाहता है, कभी भूल पाता है क्या ?

**मुर्तू :** लो। तुमने तो मेरे प्रश्न के उत्तर में स्वयं ही प्रश्न कर दिया।

**प्रभा :** और···तू ने क्या किया ?

**मुर्तू :** मैंने ?···मैंने क्या किया ?

**प्रभा :** तेरे चले जाने के बाद मेरे हृदय में रह-रहकर पीड़ा उभरती थी। बढ़ते-बढ़ते उस पीड़ा ने एक भयंकर रोग का रूप धारण कर लिया था। वह पीड़ा मेरे लिए असहनीय हो गई थी। सब यही समझते थे कि मैं पागल हो गई हूं या मेरे शरीर में किसी भूत-प्रेत की छाया उतर आयी है। तेरे ही कारण मैं ओझा और सयानों से भी बहुत पिटी हूं। पर मैं किस से कहती ? क्या कहती ? और क्यों कहती ? अब तू लौटा है, इसलिए तुझी से कह रही हूं।···यदि ऋषि मां की कृपा न होती तो आज मैं···

**[प्रभा आगे कुछ कह नहीं पाती। मुर्तू के वक्ष से**

**लगकर फिर सुबक पड़ती है। मुर्तू की समझ में अब भी कुछ आ नहीं रहा है।]**

**[प्रकाश प्रविर्तन]**

**धर्मभृत्य** : आगे पढ़ूं ?

**वृद्ध दर्शक** : क्यों ? थक गए क्या ?

**दर्शक-1** : थक गए हो तो लाओ, मैं पढ़ दूं।

**धर्मभृत्य** : नहीं ! थकने की क्या बात है। मैं पढ़ता हूं।...मुर्तू को ग्राम के निकट आते ही लगा, यहां सब कुछ वैसा ही था, जैसा वह छोड़कर गया था। वह तो भूल ही गया था कि उसका ग्राम, ग्राम तथा यूथ के लोग ऐसे थे। मुर्तू को धक्का-सा लगा। उसके जलपोत की नौका ने उसे जहां उतारा था, वहां से ग्राम तक आने के लिए उसे कोई उचित सवारी नहीं मिली थी। राजमार्ग तो दूर, यहां ढंग का कोई पथ अथवा वीथि तक नहीं मिली थी। धूल-धक्कड़ से भरी हुई संकरी पगडंडियां, आवागमन का एकमात्र साधन थीं। अपने घर तक आते-आते मार्ग में उसे जितने भी लोग दिखे थे, प्रभा को छोड़कर, उनमें से किसी ने भी उसे नहीं पहचाना था। हां, सबने उसे आश्चर्य से अवश्य देखा था कि वह कौन व्यक्ति है। मुर्तू स्वयं भी समझ रहा था कि उसकी वेशभूषा और चाल-ढाल स्थानीय व्यक्तियों से भिन्न थी। किंतु मार्ग में उसे किसी ने टोका नहीं था। वह चुपचाप अपने कंधे पर सामान रखे हुए चल तो रहा था, पर उसके मन में एक खीज उठ रही थी। क्या अब मुर्तू के लिए यह उचित है कि वह कंधे पर अपना सामान रखकर गंदी पगडंडियों पर पैदल चले। यद्यपि वह प्रभा की सहायता ले सकता था, पर उसने प्रभा के साथ ग्राम तक आने के लिए स्पष्ट रूप से मना कर दिया था। वह किसी भी प्रकार का जोखिम उठाने के लिए एकदम तैयार नहीं था, और प्रभा उसके लिए जोखिम के सिवाय और क्या थी। प्रभा ने किसी प्रकार की हठ नहीं की थी, वरन् मुस्कराते हुए उसे गंदी पगडंडियों पर चलने के लिए स्वतंत्र

छोड़ दिया था। मुर्तू की खीज बढ़ती जा रही थी। कहां वह रावण के साम्राज्य के बड़े से बड़े जलपोत का नियंत्रक और अभियंता और कहां एक साधारण देहाती या वनवासी के समान अपना सामान कंधे पर रखे धूल-धक्कड़ में अटा, चलता चला आ रहा है। वह कितना भी धन व्यय करने को प्रस्तुत हो, किंतु यहां उसे जीवन की साधारण सुविधाएं भी नहीं मिल पाएंगी। राक्षसों के साम्राज्य में किसी छोटे से छोटे स्थान पर भी व्यक्ति, सुविधाएं ही नहीं, जीवन का आनन्द भी खरीद सकता है। और यहां··· । उसका समाज इतना पिछड़ा हुआ है, तभी तो अन्य लोग उन्हें वानर कहते हैं। अपने घर के सामने आकर वह रुक गया। उसके मन में कहीं तनिक-सी भी इच्छा नहीं थी कि इस कुरूप, गंदी और असुविधाजनक कुटिया को वह अपना घर कहे। अधिक से अधिक इसे वह अपने निर्धन माता-पिता की कुटिया मान सकता था। उसने द्वार खटखटाया।···

**[प्रकाश परिवर्तन]**

**[भास्वर द्वार खोलता है। क्षण भर अचकचाकर, असाधारण रूप से संभ्रांत लगने वाले अपरिचित व्यक्ति को देखता है। फिर न पहचानकर प्रश्नवाचक दृष्टि से उसे ताकता है।]**

**मुर्तू** : नहीं पहचाना न, बाबा !

**भास्वर** : नहीं ! पर भई, कौन हो तुम ?

**मुर्तू** : पहचानो।

**भास्वर** : भई, कुछ ध्यान नहीं आ रहा। अब तक दृष्टि भी बहुत क्षीण हो चली है। पर भई, तुम हो कौन ?

**मुर्तू** : चमत्कार है। अरे बाबा ! मैं हूं आपका मुर्तू ।

**भास्वर** : मुर्तू ? ओह हो मुर्तू !

**[अविश्वास से उसकी ओर देखता है। फिर जैसे उसकी आंखों में कुछ विश्वास उभरता है।]**

**भास्वर** : **(संशय के स्वर में)** तू अब तक कहां था रे ?

**[पहले उसके उत्तर की प्रतीक्षा करता है और फिर किसी भीतरी दबाव में आगे बढ़कर उसे बांहों में जकड़ लेता है।]**

**भास्वर** : मेरा बेटा ! मेरा मुर्तू !

**[वे दोनों वहीं स्थिर हो जाते हैं।]**

**[धर्मभृत्य का प्रवेश]**

**धर्मभृत्य** : मुर्तू के आह्लाद को धक्का लगा। उसका गले मिलने का अभ्यास कब से छूट चुका था। बहुत दिनों से वह लोगों द्वारा झुक-झुककर किए गए नमस्कारों को स्वीकार करने और स्वयं अपने अधिकारियों के सम्मुख प्रणाम की मुद्रा में झुक जाने का अभ्यस्त रह गया था। अपने शरीर को इस प्रकार छुए जाना उसे अभद्रता-सी लगी। किंतु अपने बूढ़े पिता को वह क्या कहता। वे लोग अभी तक इस प्रकार मिलने की प्रथा निभाए जा रहे हैं।

**[दूसरी ओर प्रस्थान]**

**[चरित्र पुनः गतिमान हो उठते हैं।]**

**भास्वर** : आओ, भीतर आओ, मेरे पुनर्जीवित हुए पुत्र ! हम तो तुम्हें सदा के लिए खो गया मान चुके थे। लाओ, यह सामान मुझे पकड़ाओ। अच्छा, चलो, इधर रख दो। तुम्हारी मां यहीं पास ही आश्रम में गई हुई है। मैं उसे लेकर अभी आया।··· कहीं जाना नहीं। और हां, यात्रा के कारण क्लांति हो गई होगी, पुत्र। ऐसा करो, तुम बैठो। बस, मैं अभी आया।···बैठो, वत्स ! बैठो।

**[भास्वर का द्रुत गति से प्रस्थान। मुर्तू चकित दृष्टि से इधर-उधर देखता है।]**

**मुर्तू** : **(स्वयं से)** उंहूं। यहां कहां बैठूं ? मुझे तो बैठने की कोई उचित व्यवस्था दिखाई नहीं पड़ रही है। न पीढ़ा, न मंच, न आसन, न पर्यंक।···कहां चला आया तू मूर्ख ? यह क्या

रहने का स्थान है ? यहां जी पाएगा तू ? क्या यही तेरा घर है ? नहीं ! मेरा घर नहीं, यह घर तो मेरे माता-पिता का है। लंका में मेरा घर है।…यह कोई घर है ? यही मेरा ग्राम है ? यही मेरा यूथ है ? यहीं मेरा जन्म हुआ था ? हुं ! किसी का जन्म मल के ढेर में हो तो क्या उसे उसी से चिपके रहना चाहिए ? मैंने तो विश्व देखा है। इन वानरों को तो संसार का कुछ पता ही नहीं है। शाखामृगों के समान अपने-अपने वृक्ष से चिपके हैं। और सब से महत्त्वपूर्ण बात तो यह है कि जो मैंने सोचा था, वैसा यहां कुछ भी नहीं हुआ है। बाबा को देखकर मेरा मन बह नहीं निकला।…मेरे मन में एक बार भी नहीं आया कि बाबा को देखते ही उनकी छाती से लग जाऊं या उनके चरणों पर लोट जाऊं। कोई भावात्मक तार मिल नहीं पा रहा है। एक वह प्रभा… । अब उस देहाती लड़की को क्या मालूम कि मैंने संसार में कैसी-कैसी अनुपम सुंदरियां देखी हैं।…रोना-पीटना, चीखना-चिल्लाना…क्या यह सब एक लड़की को शोभा देता है ? किसी खोए हुए व्यक्ति को पा जाने पर हर्षित हुआ जाता है या शोक मनाया जाता है ? निरीह…अज्ञानी…वानर… ।

**[प्रायः भागते हुए भास्वर तथा उसकी पत्नी का प्रवेश। मुर्तू को देखते ही मां के हाथ का घड़ा छूटकर धरती पर गिरते ही टूट जाता है।,**

**भास्वर :** मुर्तू बेटा ! यही है तुम्हारी मां ! मुर्तू की मां ! देख-देख। अब बता ? मैं झूठ कह रहा था क्या ? देख लिया, यही है अपना मुर्तू ! है न वही ?

**मां :** वही है। वही। एकदम वही।

**[मां के होंठ मुर्तू के माथे से जुड़ जाते हैं, किंतु मां को देखकर मुर्तू के चेहरे पर उल्लास का कोई चिह्न नहीं उभरता।]**

**मां :** तूने पहचाना नहीं, बेटा ? मैं तेरी मां हूं।

**[मुर्तू एक पग पीछे हटकर, मां को देखता है। एक**

वस्त्र में लिपटी हुई मां।]

**मां** : कोई बात नहीं, बेटा। तब तुम छोटे भी तो बहुत थे। अब तक तुम कहां थे, पुत्र ? कभी अपना समाचार भी नहीं भिजवाया।

**मुर्तू** : अब क्या बताऊं, क्या न बताऊं, इतनी लंबी कहानी है, कुछ समझ नहीं आ रहा, कहां से आरंभ करूं।...

**भास्वर** : कहीं से भी, बेटा ! पर हमें कुछ तो बताओ।...कहानी लंबी है तो संक्षेप में ही कुछ बता दो।

**मुर्तू** : मुझे राक्षस सैनिक उठाकर ले गए थे। अब तक उन्हीं के राज्य में विभिन्न नगरों में रहा।

**मां** : राक्षस !

**भास्वर** : ओह हो ! राक्षस उठाकर ले गए थे ? उन्होंने तुम्हें जीवित कैसे छोड़ दिया ? हमने सुना है कि वे लोगों का अपहरण कर उन्हें मार तो डालते ही हैं, कभी-कभी उन्हें खा भी जाते हैं।

**मुर्तू** : आपने दोनों ही बातें ठीक सुनी हैं। किंतु मैं उनके काम का व्यक्ति हो गया था, इसलिए उन्होंने मुझे जीवित छोड़ दिया।

**[मां एक बार फिर माथा चूमती है।]**

**मां** : मेरा लाल !

**भास्वर** : पुत्र ! उन्होंने तुम्हें जीवित छोड़ दिया, मुझे तो इसी का आश्चर्य हो रहा है।

**मां** : उंह ! तुम भी कैसी बातें लेकर बैठ गए, जी ! मेरे इतने सुंदर बच्चे को कोई मार ही कैसे सकता था। और काम तो तुम सब का ही कर दिया करते थे, बेटा ! जब तुम छोटे थे तो ग्राम के किसी भी व्यक्ति के लिए लकड़ियां चुन लाते थे। उसका पानी भर दिया करते थे। खेतों की मेड़ बांध दिया करते थे। पशु चरा लाते थे और वन से फल तोड़कर भी ला दिया करते थे।

**मुर्तू** : मां ! तुम भी बस !...अरे, ये सारी बातें अब बहुत पुरानी हो गई हैं। अब मैं आपको कैसे समझाऊं ? अब लोगों

के लिए वन से फल-फूल लाने तक की ही मेरी सार्थकता है क्या ?

**[पति-पत्नी परस्पर एक-दूसरे को ऐसे देखते हैं, जैसे मुर्तू की यह बात उनके पल्ले ही न पड़ी हो। विषयांतर से।]**

**भास्वर :** हम दोनों तो स्वयं को समझा चुके थे कि तुम हमसे सदा के लिए बिछुड़ गए।

**मां :** तुमने कभी कोई समाचार भी तो नहीं भिजवाया, बेटा।··· हम तो बस···। **(मां रो पड़ती है।)**

**भास्वर :** इतने वर्षों में एक समाचार तो भिजवा ही देते ।

**मुर्तू :** पहले तो मैं उनका दास था, इसलिए सूचना न भेज सका। जब मुक्त हुआ तो पता चला कि सूचना भिजवाने की इधर कोई व्यवस्था ही नहीं है। और फिर यहां लंका से कोई आता-जाता भी तो नहीं है।···मैं ही जाने क्यों चला आया···जाने कैसे चला आया । और अब तो मैं आ ही गया हूं।

**मां :** हां, बेटा ! बस तुम आ गए, हमें सारे समाचार मिल गए।

**भास्वर :** हां, और क्या ? वे दिन तो किसी न किसी प्रकार कट ही गए, मुर्तू की मां ! अब पड़ोस के किसी बच्चे को कहकर, ग्राम में मुर्तू के आने की सूचना तो भिजवा दो।

**[प्रकाश परिवर्तन]**

**धर्मभृत्य :** एक हथेली भूमि पर टेक, दूसरी घुटने पर रखकर, मां उठी और कुटिया से बाहर निकल गई। थोड़ी ही देर में गांव के विभिन्न स्त्री-पुरुष और बच्चे मुर्तू से मिलने के लिए आने लगे। किंतु मुर्तू को स्पष्ट दिखाई दे रहा था कि उसके भीतर का कुछ नहीं पिघला है। जब उसे अपनी मां के हाथों का स्पर्श गिलगिला-सा लगा था और उसका ममत्व-भरा चुंबन घिनौना, तो फिर वह इस ग्राम के किन्हीं अन्य प्राणियों द्वारा पसीज ही कैसे सकता था ? उसके भीतर तो बार-बार एक ही प्रश्न उठ रहा था—वह यहां क्या करने आया है ? यहां रहना है तो इन ही लोगों के

बीच, इन ही परिस्थितियों में रहना होगा। रह पाएगा वह ? जो लोग उससे मिलने आए थे, वे सब जैसे घर में एकदम खाली बैठे थे। समाचार मिलते ही उठकर भागे चले आए थे। मुर्तू को लगा, उसकी स्थिति ग्राम में नए आये किसी अद्भुत जंतु की-सी थी, जिसे प्रत्येक व्यक्ति कौतुक की दृष्टि से देख रहा था। कोई उसकी धोती को देख रहा था, कोई उसके उत्तरीय को। कोई उसके आभूषणों को और कोई उसकी केश-सज्जा को। उनके लिए वह मात्र मुर्तू था, ग्राम का एक खोया हुआ लड़का, जो अनेक वर्षों के पश्चात् घर लौटा था। और मुर्तू था कि वह दूर-दूर के अनेक देश अपनी आंखों से देखकर आया था। वहां के अद्भुत वस्त्र और अलंकार लाया था। पर ग्रामीण थे कि उनके लिए तनिक भी महत्त्वपूर्ण नहीं था कि मुर्तू क्या है, उसकी क्षमता क्या है, उसका पद क्या है ? पहला झुंड कुटिया छोड़कर गया तो एक अन्य झुंड आ गया। इसमें लड़कियां ही लड़कियां थीं। मां ने धीरे से मुर्तू के कान में कहा—जो लड़की पसंद आए, बता देना, कल ही विवाह की बात पक्की कर दूंगी। मुर्तू संकुचित हो उठा। क्या इसीलिए इन लड़कियां को मां बुला लायी है ? पहले झुंड ने उसे कौतुक की दृष्टि से देखा था, यह झुंड उसे तृष्णा की दृष्टि से देख रहा था। लड़कियां वय से किशोरियां तथा तरुणियां थीं। नयन-नक्श अच्छे थे किंतु पहनने-ओढ़ने की समझ जैसे किसी को थी ही नहीं। सब-की-सब एकवस्त्रा थीं- उसकी मां के समान। सीधी-सादी एक श्वेत धोती को किसी प्रकार शरीर पर लपेट रखा था। बालों में ढेर सारा तेल डाल, सिर से चिपका कर, चपटी कंघी कर उन्हें खींचकर बांध रखा था—किसी ने वेगी के रूप में किसी ने जूड़े के रूप में। न कोई सौंदर्य बोध, न शरीर के आकर्षण का पता, न प्रसाधन की सजगता।...तो क्या मुर्तू इन लड़कियों में से किसी को अपनी पत्नी स्वीकार कर लेगा ? इन वानर कन्याओं में से, जो लंका के किसी साधारण गृहस्थ की

दासियों से भी हीन लग रही थीं ?··· न मुर्तू ने उन लड़कियों से कोई बात की और न लड़कियों ने ही उससे कुछ पूछा। वे जैसे हंसती-खिलखिलाती आयी थीं, वैसे ही चली गईं। मुर्तू को देख गई थीं और स्वयं को दिखा गई थीं। संध्या समय भोजन करने बैठे तो मां ने पिता-पुत्र के सम्मुख मिट्टी की हंडिया में से भात और उबली हुई मछली परोस दी। पत्तल के एक किनारे पर थोड़ा-सा नमक भी रख दिया। जहां तक मुर्तू को अपने शैशव की स्मृति थी—इससे अच्छा भोजन उसे कभी नहीं मिला था। अधिकांशतः वे लोग शाक-भाजी में मिला फीका भात अथवा नमक उपलब्ध होने पर, नमक के साथ चावल खाया करते थे। भात, मछली तथा अपनी इच्छा के अनुसार नमक तो कभी किसी समारोह के दिन ही मिल पाता था। किंतु आज यह सब देख मुर्तू को उबकाई आ रही थी। उसे लग रहा था कि यह सब तो वह नहीं ही खा पाएगा, जो कुछ उसके पेट में है, वह भी बाहर आ जाएगा। अब ऐसा भोजन वह नहीं खा सकता। न ऐसे ढंग से खा सकता है। लंका में उसके दास-दासियां भी मंच पर बैठकर, धातु के बर्तनों में भोजन करते हैं।···मुर्तू खाने से पहले ही भोजन छोड़कर उठ गया। मां ने पूछा तो थकान और नींद का बहाना कर दिया। मुर्तू के लिए बाहर ही खटिया डाल दी गई, खटिया पर लेटे-लेटे वह सोचने लगा··· क्या महत्त्वपूर्ण है ? क्षमताओं और संभावनाओं से भरा उसका अपना जीवन अथवा उसके वृद्ध और नासमझ माता-पिता की अर्थहीन इच्छाएं ? ···किस का किस पर बलिदान करे ?··· रात को मुर्तू बड़ी देर से सोया। किंतु प्रातः उठते ही पिछले दिन वाली खीज पुनः लौट आयी। एक-एक क्षण में, बात-बात पर उसे किसी न किसी बाधा का अनुभव हो रहा था—पता नहीं, ये लोग किस प्रकार मनुष्य कहलाते हैं। न हाथ-मुंह धोने की व्यवस्था, न स्नान करने की। पशुओं के समान खुले में स्नान।···मुर्तू का इस ग्राम में रुकने का निर्णय पल-पल

में डोल रहा था।… उधर भास्वर बड़े समारोह से बाहर चलने को तैयार हुआ था। वह भास्वर, जिसका वर्षों से कोई पुत्र नहीं था, आज अपने युवा पुत्र के साथ ग्राम में निकलेगा। वह मुर्तू को ग्रामप्रमुख से मिलवाएगा और गुरु अगस्त्य के दर्शनों के लिए तो अवश्य ही ले जाएगा। भास्वर से अधिक भाग्यशाली और कौन होगा ?… ग्रामप्रमुख उनसे बड़ी तत्परता से मिला। उसे यह जानकर बड़ी प्रसन्नता हुई कि मुर्तू आज तक जीवित है और अपने ग्राम में लौट आया है। उसने शीघ्र ही उसके खेतों के लिए भूमि देने का वचन देकर बात समाप्त कर दी। वह मुर्तू के विषय में जानने से अधिक अपने ग्राम की प्रगति के विषय में बताने को उत्सुक था। उसने बड़े उल्लास से बताया कि गुरु अगस्त्य के इस ओर चले आने से वानरों को कितनी बातों की सुविधा हो गई है। अब आर्यों की बस्तियों के साथ, उनके युद्ध सर्वथा बंद हैं और व्यर्थ का रक्तपात एकदम नहीं होता। राक्षसों के अत्याचार भी प्रायः नहीं होते। गुरु अगस्त्य के आश्रम में अब नियमित रूप से अक्षरज्ञान, शस्त्रज्ञान और सैनिक-प्रशिक्षण दिया जाता है। कृषिकर्म तथा पशुपालन श्रेष्ठ ढंग से होता है। मछलियां अधिक संख्या में पकड़ी जाती हैं; और सब से बड़ी बात यह है कि उन लोगों को समुद्र के जल से नमक बनाना आ गया है। अब उन्हें दूसरे यूथों से नमक नहीं खरीदना पड़ता। अब नमक की कोई कमी नहीं है।… मुर्तू को स्मरण है कि उसने सागरतट के ग्रामों पर छापा मारने वाली नौकाओं के नाविकों के बीच कभी-कभी अगस्त्य का नाम सुना था।…यह व्यक्ति सचमुच ही महत्त्वपूर्ण है या इन देहातियों को मूर्ख बनाकर अपना उल्लू सीधा कर रहा है ?…जो भी हो, ग्रामप्रमुख से बातचीत कर, चींटी की ही गति से सही, किंतु सभ्यता कुछ रेंगती दिखाई पड़ी थी। यदि गति है तो उसे तीव्रतर भी किया जा सकता है। मुर्तू को यहां से भागने की इतनी जल्दी नहीं करनी चाहिए। वहां से उठे तो दोनों–

पिता-पुत्र—ऋषि अगस्त्य के दर्शनों के लिए उनके आश्रम में उपस्थित हुए।

**[प्रकाश परिवर्तन]**

**[भास्वर तथा मुर्तू का हाथ जोड़े हुए प्रवेश]**

**अगस्त्य** : आओ, भास्वर ! स्वागत, मुर्तू !

**मुर्तू** : आपको मेरा नाम कहां से ज्ञात हुआ ?

**अगस्त्य** : क्यों ? क्या तुम्हारा नाम कोई गोपनीय पदार्थ है ?

**मुर्तू** : नहीं ! पर मैं चकित हूं।...आपका इस क्षेत्र के जनजीवन से इतना अधिक संपर्क है कि किसी एक ग्राम के किसी साधारण व्यक्ति का खोया हुआ पुत्र लौट आए तो उसकी भी सूचना आपको हो जाती है।

**अगस्त्य** : बैठो।

**[भास्वर सुखासन की मुद्रा में किंतु मुर्तू गुरु के सम्मुख वज्रासन में बैठता है।]**

**अगस्त्य** : वैसे तो किसी के खोये हुए पुत्र का घर लौट आना भी मानव जीवन की बहुत बड़ी घटना है किंतु इस समाचार को हमारे आश्रम ने दूसरे ही प्रकार से देखा है। समाचार यह नहीं है कि भास्वर का पुत्र मुर्तू घर लौटा है।

**मुर्तू** : तो क्या समाचार है ?

**अगस्त्य** : समाचार है कि राक्षसों का एक जलपोत समुद्र में चुपचाप ठहर गया। उसमें से एक नाव जल में उतारी गई और वह नाव एक व्यक्ति को समुद्रतट पर उतारकर चुपके से लौट गई । वह व्यक्ति जो तट पर उतारा गया, भास्वर का पुत्र मुर्तू तो है ही, रावण के अनेक विशाल जलपोतों का निर्माता तथा नियंत्रक रहा है और जल-परिवहन के साधनों का अधिकारी विद्वान है।

**मुर्तू** : क्या ? आप यह कैसे जानते हैं ? यह तो मेरे माता-पिता तक नहीं जानते। उन्होंने कभी यह जानने की चेष्टा ही नहीं की।

**अगस्त्य** : उन्हें इन बातों की भी चिंता करनी चाहिए, यह मैं उन्हें

सिखा रहा हूं।

**मुर्तू** : पर आपको ये सूचनाएं कैसे मिलीं ?

**अगस्त्य** : मेरे अपने साधन हैं, पुत्र ! समय आने पर तुम्हें ज्ञात हो जाएगा।...बताओ, तुम्हारी योजना क्या है ? मेरा तात्पर्य है कि रावण के साम्राज्य का वैभव देख लेने के पश्चात् तुम इस वानर यूथ के सदस्य बनकर यहां रहना चाहोगे ? ...रह सकोगे ? या लौट जाओगे ?

**मुर्तू** : क्षमा करें, ऋषिवर ! भविष्य के विषय में अभी कुछ नहीं कह सकता; पर मैं वह कहना चाहता हूं, जो इस समय मैं देख रहा हूं, सुन रहा हूं, अनुभव कर रहा हूं।

**[मौन]**

**मुर्तू** : मैं इस समय एक साधारण से प्रौढ़ व्यक्ति के सम्मुख बैठा हूं, जो अपनी वेशभूषा से ग्राम के किसी साधारण व्यक्ति से भिन्न नहीं लग रहा है, सिवाय इसके कि तपस्वी होने के कारण उसके सिर पर केशों का एक जटाजूट है; किंतु कितने तेजस्वी और भिन्न हैं आप।...आप जानते हैं कि मुर्तू ग्राम में आया है। आप जानते हैं कि मुर्तू का महत्त्व क्या है। आप जानते हैं कि मुर्तू की कठिनाइयां क्या हैं और मुर्तू के मन में कैसा द्वंद्व चल रहा है। दूसरी ओर मेरे अपने माता-पिता हैं, जो अपने पुत्र के विषय में भी रंच मात्र नहीं जानते।

**अगस्त्य** : मैं जानना चाहता हूं, पुत्र ! कि तुम्हें यहां रुकने में बाधा होगी अथवा नहीं ?

**मुर्तू** : बाधा तो मुझे यहां है ही, ऋषिवर ! मुझे यहां रुकने में कोई लाभ नहीं दीखता।

**अगस्त्य** : लाभ ? किस दृष्टि से, पुत्र ? तुम्हारी आर्थिक समृद्धि की दृष्टि से ? तुम्हारे माता-पिता के सुख की दृष्टि से ? अथवा तुम्हारे जनपद और यूथ की प्रगति की दृष्टि से ?

**[मौन]**

**मुर्तू** : मैंने इस ढंग से सोचा ही नहीं है। मैंने केवल अपने लाभ की बात कही है और लाभ से मेरा अभिप्राय है सुख, जो

भौतिक समृद्धि से ही मिल सकता है।

**अगस्त्य :** तुमने बहुत ठीक सोचा है, पुत्र ! रावण के साम्राज्य के किसी भी जलपत्तन में तुम्हें अपने ज्ञान और कौशल को बेचने पर पुष्कल धन प्राप्त होगा। संभव है कि तुम्हारे हाथ में कुछ प्रस्ताव भी हों और तुम उन्हीं को ध्यान में रखकर सुख-सुविधा को नाप रहे हो।

**मुर्तू :** आप ठीक कह रहे हैं। मैं स्वीकार करता हूं। वस्तुतः मेरे पास अनेक जलपत्तन अधिकारियों के ही प्रस्ताव नहीं हैं, साम्राज्य की जलसेना ने भी मुझसे जलपोतों के निर्माण का अनुरोध किया है। मैं उनमें से किसी एक प्रस्ताव को भी मान लूं तो मुझ अकेले के पास इतना धन हो जाएगा, जितना इस सारे जनपद के पास नहीं है।

**अगस्त्य :** तुम्हारे सुख के लिए यही उचित भी है। मेरा परामर्श है कि तुम लौट जाओ, रावण की सेना के लिए नये दृढ़ शक्तिशाली तथा अधिक प्रहारक जलपोतों का निर्माण करो। उसकी सेना उन जलपोतों को लेकर आएगी और इस सारे समुद्रतट पर आक्रमण करेगी।

**[ऋषि का उच्च स्वर सुनकर अन्य आश्रमवासियों का असमंजस की स्थिति में धीमी गति से प्रवेश]**

**अगस्त्य :** और आक्रमण कर, वे राक्षस यहां से स्त्रियों, पुरुषों तथा बच्चों का उसी प्रकार अपहरण करेंगे, जिस प्रकार उन्होंने एक दिन तुम्हारा अपहरण किया था। यहां की उपज वे लूटकर ले जाएंगे, यहां के घर, खेत और उद्यान नष्ट कर जाएंगे। यहां किसी को नौका तक का पता नहीं है, युद्धपोतों का तो कहना ही क्या। कोई उनको रोक नहीं पाएगा और राक्षस तुम्हारे बनाए जलपोतों में सकुशल लौट जाएंगे।

**मुर्तू :** ऋषिवर !

**अगस्त्य :** पूरी बात सुन लो, पुत्र ! उन अपहृत लोगों में तुम्हारे माता-पिता भी हो सकते हैं। तुम्हारी मां युवती नहीं है, अतः वह किसी की भोग्या नहीं हो सकती। तुम्हारा पिता

वृद्ध है, किसी के यहां दास, भृत्य, सेवक अथवा श्रमिक नहीं हो सकता। उन्हें या तो वे लोग खरीदेंगे, जो उनकी हत्या कर उनका मांस बेचेंगे, या वे भूखे-प्यासे मरने के लिए राजपथ पर छोड़ दिए जाएंगे। उनके पास अन्न के लिए धन नहीं होगा। अतः वे किसी मार्ग पर घिसटते-घिसटते संज्ञाशून्य होकर गिर पड़ेंगे और मर जाएंगे। उनके शवों को कोई उठाकर ले जाएगा और उनका अंतिम संस्कार करने के स्थान पर उनका मृत मांस पशु-मांस में मिलाकर हाट में बेचेगा। तुम्हारा दास उसे खरीदकर लाएगा और पकाकर तुम्हें खिलाएगा।

मुर्तू : बस ! बस करें, गुरुदेव !

**[मुर्तू अपने स्थान से उठकर खड़ा हो जाता है। उसके जबड़े कस जाते हैं और मुट्ठियां भिंच जाती हैं। आश्रम में एक उत्तेजक मौन छा जाता है। पर्याप्त संतुलन हो आने पर]**

मुर्तू : मैं जानता हूं कि आपकी बात अतिशयोक्तिपूर्ण है, फिर भी मैं मान लेता हूं कि मेरे लौट जाने से ऐसा ही होगा। इसलिए मैं नहीं लौटूंगा। मैं यहीं रहूंगा और जो काम ग्रामप्रमुख, यूथपति और आप कहेंगे, वही करूंगा। किंतु आप बताइए, अपने काम का जितना पारिश्रमिक मुझे लंका में मिलता है, उससे अधिक न सही, उतना भी मुझे मेरा जनपद देगा ? पारिश्रमिक तो छोड़िए, काम करने की वैसी सुविधाएं भी देगा ?

**अगस्त्य** : नहीं ! नहीं देगा। न उतना पारिश्रमिक, न उतनी सुविधाएं। यदि तुम्हारी जन्मभूमि और तुम्हारा यूथ उतना पारिश्रमिक और सुविधाएं दे सकते तो मुझे कुछ कहने और तुम्हें कुछ सोचने की आवश्यकता ही कहां थी ? तब तुम क्या, रावण के निजी पोतनिर्माता भी बिना बुलाए यहां आते और हमसे काम मांगते, तब तुम ही यहां आते तो कौन-सा बड़ा काम करते ?

मुर्तू : तो आप क्या चाहते हैं ? मैं जन्मभूमि के प्रेम को

ओढ़ूं ? बिछाऊं ?

**[भास्वर सहित आश्रमवासियों में क्षणिक अस्थिरता आती है। उत्तेजना के लक्षण दिखाई पड़ते हैं। ऋषि का संकेत पाकर, वे पुनः स्थिर और सहज-सामान्य हो आते हैं। मुर्तू भी अपनी सतर्क दृष्टि एक से दूसरे चेहरे तक घुमाता है।]**

**अगस्त्य :** अपनी बात कहो, मुर्तू !

**मुर्तू :** क्या मैं ऐसा मूर्ख व्यापारी बनूं कि जहां माल का मोल न मिले, अपना माल वहीं फेंक आऊं ? क्या मुझे अपने विकास का अधिकार नहीं है ? मैं अपने कर्मक्षेत्र का अधिक ज्ञान प्राप्त करने का प्रयत्न न करूं ? वहां न जाऊं, जहां मेरे तुल्य और अधिक ज्ञान रखने वाले लोग हैं ? अपने सीमित ज्ञान का अपमान करवाता, इस संकीर्ण स्थान में पड़ा सड़ता रहूं ?

**अगस्त्य :** तुम आवेश में हो, पुत्र ! और आवेश में संतुलित तर्क-वितर्क नहीं हो सकता। वैसे भी तुमने अनेक प्रश्न एक साथ कर डाले हैं। सुविधापूर्वक बैठ जाओ।

**[मुर्तू फिर बैठता है। ऋषि उसे वज्रासन में बैठा देख मुस्कराते हैं।]**

**अगस्त्य :** मुर्तू !

**मुर्तू :** ऋषिवर !

**अगस्त्य :** पुत्र ! मैं न तो ज्ञानार्जन का विरोधी हूं, न ज्ञान के विकास का। ज्ञानार्जन करने के लिए तुम्हे ब्रह्मांड के किसी भी कोने में जाना पड़े, जाओ। किंतु पुत्र ! एक बात मुझ से समझ लो।

**मुर्तू :** कहिए।

**अगस्त्य :** ज्ञान के क्षेत्र में दो प्रकार के लोग होते हैं।

**[मुर्तू सहित सभी उपस्थित जन गुरु को उत्सुक दृष्टि से देखते हैं।]**

**अगस्त्य :** एक वे जो ज्ञान के क्षेत्र की किसी एक शाखा में

अधिकाधिक सूचनाएं और दक्षता प्राप्त कर लेते हैं, किंतु उसके साथ अपनी मानवता का विकास नहीं कर पाते। दूसरे वे जो ज्ञान की किसी शाखा में सैद्धांतिक तथा व्यावहारिक क्षमता तो प्राप्त करते ही हैं, साथ ही साथ अपनी मानवता का, अपने मानवीय गुणों का पोषण भी करते हैं। पहला वर्ग विद्वानों का है, दूसरा वर्ग ज्ञानियों का। विद्वान लीक पर चलता है और अपनी विद्या में वृद्धि करता है, किंतु न तो इतर विद्याओं से अपना संबंध संतुलित कर पाता है और न मानव के रूप में अपना कर्तव्य निश्चित कर पाता है; जबकि ज्ञानी अपनी विद्या को आजीविका का साधन मात्र न मान उसे ज्ञान में परिणत करता है। अन्य विद्याओं के साथ अपनी विद्या के संबंध का संतुलन स्थापित कर, रूढ़ि से हटकर मौलिक ढंग से सोचता है। वह संवेदनशील होता है, अतः मानव के प्रति अपने कर्तव्य का निश्चय करता है। वह विद्या का व्यापारी नहीं, मानवता का सहायक और उद्धारक है। उसका चिंतन व्यक्तिगत स्वार्थ का चिंतन नहीं, मानवता के कल्याण का चिंतन है। वह किसी भी मूल्य पर अपनी विद्या को ऐसे व्यक्ति, देश या राज्य के हाथ में नहीं बेचेगा, जिससे मानवता का अहित होता हो। उसका अपना स्वार्थ भी जनकल्याणमय है। तुम पहले अपने वर्ग का निर्णय करो, पुत्र, तभी तुम अपने कर्तव्य का निश्चय भी कर पाओगे।

मुर्तू : ऋषिवर ! आपकी बात बहुत स्पष्ट होकर मेरे सामने उभरी है। आपका कथन सत्य है, गुरुदेव ! पर इस ग्राम में रहना···मुझे क्षमा करें, किंतु मैं अपने ही संबंधियों के विषय में कहने को बाध्य हूं कि कितने गंदे, फूहड़ और असंस्कारी लोग हैं ये। सभ्य संसार के सम्मुख इन्हें अपना कहने में भी लज्जा का अनुभव होता है।

अगस्त्य : तुम ठीक कहते हो, पुत्र ! ये लोग गंदे, फूहड़ और असंस्कारित हैं। मनुष्यता की आदिम स्थिति में जी रहे हैं ये लोग।···एक बात बताओ। तुम्हारे पास कितनी

धोतियां हैं ?

[मुर्तू संकुचित होता है।]

**मुर्तू :** ठीक-ठीक संख्या नहीं बता सकता किंतु पर्याप्त हैं।

**अगस्त्य :** एक धोती स्वयं रख लो, शेष मुझे देते जाओ। और फिर प्रतिदिन खेतों मे काम करो, वन में से लकड़ियां और फल लाओ, खेतों की मेढ़ें बांधो, भूमि पर हल चलाओ या समुद्र में से मछलियां पकड़कर लाओ। तुम्हारी एक धोती कितने दिन तक स्वच्छ बनी रह सकती है ? कदाचित् उसका स्वच्छ बने रहना संभव नहीं है। यही स्थिति इस जनपथ के वासियों की है। उनके पास सुविधाएं नहीं हैं कि वे इच्छा होने पर भी स्वच्छ रह सकें। पीढ़ियों से यही स्थिति है। ऐसे में यदि इन्हें इस गंदे परिवेश में जीने का अभ्यास हो जाए, तो तुम उन्हें दोषी मानोगे ?

**मुर्तू :** शायद नहीं।

**अगस्त्य :** तुम अपने विषय में सोचो। अपने शैशव में जब तुम यहां रहते थे, क्या तुम्हें कभी लगा कि तुम्हारे वस्त्र गंदे हैं ? या तुम्हारा आचरण बहुत शिष्ट नहीं है ? नहीं लगता होगा। इन बातों की चेतना तब होती है, जब तुम्हारे पास समय हो, साधन हों और सामने कोई उदाहरण हो। राक्षसों के संपन्न राज्य में, उनके रहन-सहन को देखकर तुम्हारी भी वैसे ही रहने की इच्छा हुई होगी; किंतु जब तक तुम्हारे पास साधन नहीं जुटे, क्या तुम उनके समान रह सके ? नहीं !...रह नहीं सकते।

**मुर्तू :** किंतु राक्षसों ने भी तो साधन जुटाए ही हैं, गुरुदेव ! हम क्यों नहीं जुटा सकते ?

**अगस्त्य :** मैं यह तो नहीं कहता कि वानर अच्छे जीवन-स्तर के साधन जुटा नहीं सकते। किंतु राक्षसों के विषय में इतना ही कहना चाहता हूं कि उनके उस अतिशय समृद्ध और विलासी जीवन-स्तर का मूल्य अनेक जातियों और देशों को चुकाना पड़ता है। सैकड़ों वानरों के तन से वस्त्र छिनते हैं, तब कहीं एक राक्षस का स्वर्णिम उत्तरीय बनता है।

तुम्हारे सैकड़ों बच्चों को निराहार रहना पड़ता है, तब राक्षसों के बच्चों को पकवान उपलब्ध होते हैं। प्रत्येक ग्राम का मुर्तू अपहृत होता है, तभी राक्षसों के समुद्री बेड़े चलते हैं।

मुर्तू : गुरुदेव ! मैं आपसे तनिक भी असहमत नहीं हो पा रहा हूं; किंतु एक बात और कहना चाहता हूं।

अगस्त्य : कहो।

मुर्तू : आपकी बातों से लगता है जैसे राक्षस बहुत क्रूर और दुष्ट होंगे। आप मेरा विश्वास करें—मैं उन लोगों के साथ रहकर आया हूं। वे लोग तनिक भी कठोर नहीं लगते, बल्कि कभी-कभी तो वे लोग अत्यंत करुणामय और दयालु लगते हैं।

अगस्त्य : सच कहते हो, पुत्र ! अपनी मान्यताओं के अनुसार तो वे लोग तनिक भी कठोर नहीं हैं। किसी शक्तिशाली हिंस्र पशु को ही कहां अनुभव होता है कि उसका व्यवहार अन्य दुर्बल जंतुओं के प्रति कठोर है। वह तो उनको फाड़कर खा जाना अपना अधिकार मानता है। वैसे भी उस साम्राज्य के साधारण नागरिक को क्या मालूम है कि उनके सैनिक अपनी सीमाओं के बाहर, दूसरे देशों में, अन्य जातियों के साथ कैसा व्यवहार करते हैं। साम्राज्य की शिष्टता के विषय में तो उनकी अधीनस्थ, शोषित जातियों से पूछा जाना चाहिए।

**[मुर्तू जैसे कुछ सोच रहा है। अपने मत पर पुनर्विचार कर रहा है। अपने विचारों का संशोधन कर रहा है।]**

मुर्तू : आप शायद ठीक कह रहे हैं, गुरुदेव ! एकदम ठीक। लंका में रहते हुए, मुझे अपने ग्राम और अपने शोषित यूथ का क्या पता चलता। ऋषिश्रेष्ठ ! आप महान् हैं। मैं यहां रहकर अपने यूथ की प्रगति के लिए कुछ करना चाहता हूं।

अगस्त्य : …रह पाओगे ?

मुर्तू : बस, एक बात मेरे मन में है।

अगस्त्य : वह भी कह दो, पुत्र ! बात मन में हो तो जिह्वा पर भी आनी ही चाहिए। कहो।

मुर्तू : मैं यहां रहकर भी कृषिकर्म नहीं कर पाऊंगा। मैं कृषक नहीं हूं। बड़े-बड़े जलपोतों को बनाने और चलाने वाले के लिए खेत की मिट्टी किस काम की ? मैं इस मिट्टी का क्या करूंगा ? ये खेत मेरे किसी काम के नहीं हैं। फिर मैं इस ग्राम के लिए किस काम का रह जाऊंगा ? यहां के निवासियों के पास रत्नों का क्या मूल्य ? मैं कितना ही बहुमूल्य रत्न क्यों न हो जाऊं, ये लोग मेरा मूल्य कौड़ी भर न आंकेंगे। और मेरे लिए ठोस भूमि का कोई अस्तित्व नहीं है। मुझे तो समुद्र की आवश्यकता है। समुद्र के लिए मैं जल-पोत बना सकता हूं और उन्हें समुद्र के वक्ष पर कुशलतापूर्वक चला सकता हूं।

अगस्त्य : तो ऐसा ही करो, पुत्र ! व्यक्ति को अपनी प्रकृति, रुचि, ज्ञान और क्षमता के अनुसार ही काम करना होता है। तुम भी वैसा ही करो। जलपोत न सही, अभी छोटी-छोटी नौकाओं का ही निर्माण करो।

मुर्तू : किंतु यहां उन नौकाओं की उपयोगिता ?

अगस्त्य : तुम्हारे द्वारा निर्मित नौकाओं की सहायता से, समुद्र के बीच जाकर अधिक मछलियां पकड़ी जा सकती हैं। ग्रामीणों द्वारा अधिकाधिक नमक बनाकर, उन्हीं नौकाओं पर लादकर, हम दूसरे यूथों को बेच सकते हैं और अपनी आवश्यकता की वस्तुएं उनसे क्रय कर सकते हैं।

मुर्तू : जी !

अगस्त्य : और फिर तुम्हारा ग्राम में रहना अन्य अनेक कारणों से भी बहुत आवश्यक है, पुत्र ! तुम यहां रहोगे तो देखोगे कि इन लोगों की पीड़ा और अभाव के मूल में, कितना इनका अपना अज्ञान है और कितना संपन्न राज्यों का शोषण है। दूसरे, तुम्हें देखकर इनमें चेतना विकसित होगी। वे तुमसे सीखेंगे और आगे बढ़ने का प्रयत्न करेंगे।

**[मुर्तू जैसे श्रद्धा से विह्वल हो उठता है।]**

मुर्तू : एक भटके हुए व्यक्ति को मार्ग दिखाने वाले ऋषिश्रेष्ठ ! आपकी जय हो।

**[प्रभा का प्रवेश]**

अगस्त्य : आओ, आओ, पुत्री !

**[मुर्तू प्रभा को देखते ही उठ खड़ा होता है। प्रभा मुर्तू को अपलक निहार रही है। सभी अचल हो जाते हैं। धर्मभृत्य अपने स्थान से उठकर दर्शकों से संबोधित होते हैं।]**

धर्मभृत्य : गुरु ने एक ही दृष्टि में उन दोनों—मुर्तू-प्रभा—की मनःस्थिति को अत्यंत सूक्ष्मता से भांप लिया था। ऐसे में गुरु यदि कहते कि तुम दोनों तो एक-दूसरे से पूर्वपरिचित हो तो कदाचित् यह उनकी अपनी गरिमा के अनुकूल न पड़ता। इसलिए वे चाह कर भी ऐसा नहीं कह पाए। वरन् अत्यंत औपचारिक रूप से उन दोनों का परस्पर परिचय कराया।

**[धर्मभृत्य यथास्थान बैठते हैं। चरित्र पुन गतिमान हो आते हैं।]**

अगस्त्य : यह प्रभा है—मेरे मित्र शतालु की पुत्री। आश्रम में अपनी ऋषि मां के पास रहकर आयुर्वेद का अभ्यास कर रही है। विशेष रूप से शल्यचिकित्सा का। और यह आयुष्मान मुर्तू है। जलपरिवहन का पंडित। मेरे मित्र भास्वर का सुयोग्य पुत्र।

**[प्रभा धीमे से मुस्कराती है और मुर्तू की ओर एक पग बढ़ती है। तभी उसे आस-पास उपस्थित जन, विशेष रूप से ऋषि के विद्यमान होने का आभास हो आता है, वहीं ठिठक जाती है। हाथ यंत्रचालित से उठकर मुर्तू के सम्मान में जुड़ जाते हैं।]**

प्रभा : नमस्कार।

मुर्तू : जी ! जी, नमस्कार।

[वे दोनों उसी प्रकार हाथ जोड़े परस्पर टकटकी बांधे खड़े रहते हैं। मुर्तू के चेहरे पर भी उल्लास की छटा है।]

**अगस्त्य :** क्या सोच रहे हो, पुत्र ?

**मुर्तू :** हुं ! जी, मैं सोच रहा हूं, गुरुवर ! कि आपके आश्रम में आते ही मन जमने लगा है। बाधाओं से लड़ने की इच्छा होने लगी है। अभी भी मन को स्थिर कर रहा था कि मुझे अब यहीं रहना है।...किसी भी स्थिति में।

**अगस्त्य :** मुझे भी लग रहा है कि तुम्हारी स्थिति पर्याप्त मात्रा में बदलती जा रही है।

[ऋषि का आशय समझते ही उपस्थित जन ठहाका लगा देते हैं।]

**अगस्त्य :** यदि मेरे आश्रम के बाहर, इस पिछड़े तथा अस्तव्यस्त जीवन की बाधाओं में भी मन जमा रहे और स्थायी रूप से यहीं बस जाने का निर्णय कर लो तो मुझे बताना। प्रभा के पिता शतालु से कहूंगा कि भास्वर से तुम लोगों के विवाह की बात निश्चित कर ले।

[प्रभा लजाकर भीतर भाग जाती है। मुर्तू गुरु के चरणों में झुक जाता है।]

[प्रकाश परिवर्तन]

**धर्मभृत्य :** आश्रम से लौटते हुए मुर्तू ने पाया था कि अनायास ही वह अगस्त्य के विषय में सोचता चला जा रहा है। ऋषि अंतर्यामी हैं या वे मनुष्य की दृष्टि की भाषा को समझते हैं ? मुर्तू ने प्रभा को एक बार उल्लास से देखा था और फिर अपने भीतर डूब गया था। ऋषि ने इतने में ही उसके विषय में धारणा बना ली ? अपने प्रति प्रभा का स्नेह तो वह कुछ-कुछ समुद्रतट पर अपनी पहली भेंट में ही अनुभव कर रहा था। प्रभा ने उसे छिपाने का कोई प्रयत्न नहीं किया था। अगस्त्य का कहा हुआ एक-एक शब्द, उन शब्दों का एक-एक संकेत वह अपने सीमित ज्ञान की

कसौटी पर कसता जाता था और चमत्कृत होता जाता था। ओह ! क्या है अगस्त्य की बुद्धि और उनका चिंतन। मुर्तू इस प्रकार किसी से कम ही प्रभावित हुआ था। उन्हें इस सारे प्रदेश में घटने वाली प्रत्येक छोटी-बड़ी घटना की सूचना है। इतने विस्तृत सागरतट पर एक अकेले व्यक्ति का उतरना भी उनकी दृष्टि से छिपा नहीं रहा। कैसे जाना होगा उन्होंने कि वह कौन है, कहां से आया है और क्या है ? उससे तो किसी ने पूछा तक नहीं, उसने स्वयं किसी को बताया भी नहीं। गुरु को यह सूचना उन नाविकों से ही मिल सकती है, जो उसे तट पर उतारकर लौट गए थे। तो क्या उनसे समुद्र में संपर्क स्थापित किया गया ? कैसे ? गुरु ने कहा था--उनके अपने साधन हैं। क्या उनके पास अपनी नौकाएं और जल सैनिक हैं ? क्या यह संभव है ?···संभव हो भी सकता है। मुर्तू सोच रहा था कि उतनी क्षमताओं वाले, इस गुरु अगस्त्य ने प्रयत्न किया होता तो किसी बड़े राज्य के महामंत्री होते। मुर्तू तो जलपोत-निर्माता होकर ही अपने निर्धन और पीड़ित यूथ को भूल गया। जीवन का लक्ष्य सुख-समृद्धि में ढूंढने लगा। आया भी तो सुविधाएं न देखकर वापस लौट जाने की बात सोचने लग गया। सच ही कितना मादक है राक्षसी परिवेश। मुर्तू भी राक्षस होते-होते बच गया।··· अच्छा हुआ कि उसके मन में भी प्रभा के प्रति स्नेह अंकुरित हो आया। शायद उसी के बहाने उसमें मानवता बची रह जाए।···

**[प्रकाश परिवर्तन]**

**प्रभा** : मुर्तू !

**मुर्तू** : हुं।

**प्रभा** : क्या सोच रहा है ?

**मुर्तू** : प्रभा, मेरे मन में बार-बार लंका की सुंदरियों और तुम्हारे रूप की तुलना हो रही है। पहले दिन अपने पिता की कुटिया में जिन वानर कन्याओं को देखा था, वे मुझे फूहड़

लगी थीं। देहाती और गंवार लगी थीं। पर तुम में पर्याप्त संस्कार और सुरुचि के दर्शन हुए थे। यद्यपि तुम्हारी वेशभूषा भी प्रायः वही है, पर तुम पर्याप्त भिन्न हो। राक्षसी सुंदरियों से भी कहीं अधिक सौम्य हो। उनमें तड़क-भड़क, शृंगार तथा आडंबर की उत्तेजना थी किंतु तुम में शांति और सार्थकता की शीतलता है। शिक्षा और सुसंस्कृत संगति से तुम में इतना परिष्कार आ सकता है, तो अन्य लोगों में सुधार क्यों नहीं हो सकता ? पर यदि ऐसा हुआ तो कब होगा ? अपने पूरे समाज में यह परिवर्तन देख पाने के लिए हम-तुम जीवित भी रह पाएंगे अथवा नहीं ?

**प्रभा :** तू यहां रहेगा तो ऋषि के समान इन बाधाओं से लड़कर जल्दी ही उनका मुंह मोड़ देगा।

**मुर्तू :** हां। किंतु नहीं ।...बाधाओं से जूझने में मुझे बहुत समय लग जाएगा। गुरु अगस्त्य महान् हैं, मैं नहीं । मैं तो छोटी-छोटी विघ्न-बाधाओं से घबरा जाता हूं। राक्षसी परिवेश में रहकर मुझे अपनी आत्मा के भीतर एक अनपहचानी दुर्बलता गहरी उतरी हुई जान पड़ती है। मेरा आत्मबल क्षीण होता जा रहा है। मैं चाहकर भी अपने मन को स्थिर नहीं कर पा रहा हूं। मुझे लगता है, जैसे मेरा जन्म ही सुविधाजीवी, स्वार्थजीवी बनने के लिए हुआ है।

**प्रभा :** मुर्तू ! ऐसा मत कह, मुर्तू ! सेवा का मार्ग सुविधा और स्वार्थ के बीच से होकर नहीं जाता। तुझे ऋषिश्रेष्ठ की भांति सुविधा और स्वार्थ को त्यागना होगा। सोच, ऋषि ने कैसे जीत लिया होगा अपनी भौतिक महत्त्वाकांक्षाओं को ? इतने अभावग्रस्त क्षेत्र में किसी वनवासी का-सा जीवन व्यतीत कर रहे हैं वे। अनथक प्रयत्न किया है परस्पर संघर्षरत विभिन्न जातियों में भ्रातृभाव स्थापित करने और फिर उसे बनाए रखने के लिए। और अब इस क्षेत्र में आर्थिक उन्नति के प्रयत्न में लगे हैं। यदि तू भी पोत निर्माण करके यूथ की आर्थिक उन्नति में उनका

सहयोग करेगा तो अनेकानेक लोगों को आजीविका मिलेगी। अपने यूथ का व्यापार बढ़ेगा। तनिक सोच, कितना लाभप्रद होगा उन जलपोतों का निर्माण। अपने यूथ के साथ-साथ जनपद के अन्य निवासियों को भी व्यापार के लिए अपनी उपज समुद्री मार्ग से बाहर भेजने का अवसर मिलेगा।

मुर्तू : किंतु हमारे जलपोतों का खुले सागर पर इस प्रकार व्यापार करते फिरना रावण के व्यापारिक और सैनिक बेड़े सहन कर लेंगे क्या ? मेरी स्मृति में कितनी ही ऐसी घटनाएं सुरक्षित हैं, जब राक्षस जलसेना ने अन्य राज्यों के व्यापारिक बेड़े इसलिए लूट लिये, जला डाले अथवा डुबो दिए कि उनके कारण लंका के व्यापारियों को चुनौती का सामना करना पड़ रहा था।...वे कभी यह सहन नहीं करेंगे कि वानर भी व्यापार करें और राक्षसों के व्यापार को तनिक भी हेठा होना पड़े।

प्रभा : ऐसी स्थिति में व्यापारिक बेड़ों की सुरक्षा के लिए सैनिक बेड़ा भी तो तैयार किया जा सकता है।

मुर्तू : प्रभा !

प्रभा : मुर्तू, बता, क्या यह संभव नहीं है ?

मुर्तू : प्रभा, मैंने कभी सोचा भी नहीं था कि पिछड़े, अविकसित और निर्धन वानरों के मध्य तुम जैसी कोई रूपवती और तेजस्विनी कन्या भी हो सकती है।...कोमलता और कठोरता का अद्भुत संगम।

प्रभा : मुर्तू !

मुर्तू : प्रभा !

**[दोनों आलिंगनबद्ध होते हैं।]**

मुर्तू : जिस दिन समुद्रतट पर मैं पहली बार तुम्हें मिला था, अपने संबंधियों से मिलने की त्वरा की मनस्थिति में मैंने अपने प्रति तुम्हारे स्नेहपूर्ण व्यवहार पर तनिक भी ध्यान नहीं दिया था। किंतु उस दिन आश्रम में तुम्हारी एक छटा देखते ही, मुझे स्वयं अपने आप पर आश्चर्य हो रहा था

कि मैंने तुम ही से विवाह करने का निश्चय भी कर लिया।...गुरु कहते हैं कि जब मेरा व्याकुल चित्त स्थिर हो जाए, तब तुम्हारे और मेरे विवाह की बात निश्चित हो। क्या यह आवश्यक है ?

**[प्रभा हल्के से मुर्तू के आलिंगन से मुक्त हो जाती है।]**

**प्रभा :** आवश्यक नहीं, अति आवश्यक है। गुरु जो कहते हैं, वही हमारे जीवन का सत्य होता है। यद्यपि मेरी भी वही इच्छा है, जो तेरी है; किंतु गुरु की इच्छित सीमा का उल्लंघन कैसे संभव है ?

**मुर्तू :** किंतु ऐसा क्यों संभव नहीं हो सकता कि मुझे स्थिर करने के लिए तुम्हारे साथ मेरा विवाह कर दिया जाए ? मेरा जीवनपोत यदि अनिर्णय के झंझावात में फंसा डगमगा रहा है तो तुम लंगर के समान मेरे जीवन में क्यों नहीं आ सकतीं ?

**प्रभा :** मुर्तू !

**मुर्तू :** प्रभा ! प्रभा, मैंने लंका, उरपुर और अशिमपुर में एक से बढ़कर एक सुंदरियां देखी हैं किंतु तुम्हें देखने से पहले मेरा मन कभी ऐसा पराभूत तो नहीं हुआ था। क्या हो तुम ? मरुभूमि में एक साधारण-सा फूल देखकर मेरा मन भावनात्मक स्तर पर उसी से बंध गया। किसी और जाति की सुंदरी का रूप आज तक मेरे मन को अभिभूत नहीं कर पाया। मैंने सारी धरित्री देखी है, विश्व की अनेक सुंदरियों को सराहा है, उनकी कामना भी की थी, किंतु विवाह की बात सोची तक नहीं थी। यह मेरे सौंदर्यगत संस्कार थे अथवा अगस्त्य आश्रम का सात्विक प्रभाव कि मैं अपनी भार्या के रूप में केवल तुम्हारी ही कल्पना कर सका। एक वानर कन्या की कल्पना। अनघड़ वानर कन्या नहीं, सुरुचि-संपन्न संस्कारवान वानर कन्या ।

**प्रभा :** चल, अच्छा हुआ। तूने इस बहाने अपने मन की बात बता दी। पर विवाह का समय तो वही होगा, जो ऋषिश्रेष्ठ

उपयुक्त मानेंगे।

मुर्तू : देखा ! मैंने कहा था न कि मैं स्वार्थी हूं। मैं अपने यूथ की प्रगति के लिए, कुछ करने की अपेक्षा पहले तुम से विवाह की बात सोचने लगा। पर मैं करूं तो क्या करूं, प्रभा ! मैं उस दिन आश्रम से सीधा ग्रामप्रमुख के पास गया और उसके सम्मुख समुद्र पर नौका चलाने का अपना प्रस्ताव रखा। उसने मुझे यूथपति के पास भेज दिया। यूथपति ने कहा कि यदि मैं समुद्र पर नौकाएं तैराना चाहता हूं तो मुझे राजपुरोहित से विचार-विनिमय कर उन्हीं से अनुमति प्राप्त करनी होगी। मैंने पुरोहित के सम्मुख उपस्थित होकर उसे अपनी योजना बताई थी। मैंने कहा कि जो जाल हम सागरतट पर लगाते हैं, उसके द्वारा जितनी मछलियां पकड़ी जाती हैं, वे बहुत कम हैं। हमें कुछ ऐसा करना चाहिए, जिससे मछलियां और अधिक मात्रा और संख्या में पकड़ी जाएं, ताकि यूथ के सारे सदस्यों को मछलियां सस्ते दामों में उपलब्ध हो सकें। पर वह बीच में ही बोला, " ठीक है। ठीक है। तुम अपनी बात कहो।" मैंने सोचा, मैं अब तक अपनी नहीं तो किस की बात कह रहा था ? मुझे उसका व्यवहार बहुत शुष्क और उपेक्षापूर्ण लगा। फिर भी मैंने अपनी बात आगे बढ़ाई। मैंने कहा कि मैं प्रयत्न करूंगा कि जो जाल हम सागरतट पर लगाते हैं, उसे कुछ आगे जाकर सागर के गहरे पानी में लगाया जाए। वहां हमारे जाल में अपेक्षाकृत बहुत अधिक मछलियां फंसेंगी। उसने अपने उसी शुष्क स्वर में कहा, "तो ?" मैंने कहा—"समुद्र के भीतर जाने के लिए मैं नौकाएं बनाना चाहता हूं।" उसने कहा, "नौकाएं क्या ?" मैंने समझाया—"ऐसा वाहन जो समुद्र में डूबे बिना, जल के ऊपर तैर सके।" सुनते ही उस ने अपनी भृकुटि तान ली, " अच्छा तो तुम अपनी नौका समुद्र पर चलाओगे ?" मैं उसे देखता रह गया। वह जैसे मुझे आंखों से ही निगल जाना चाहता था। उसने तुरंत दूसरा प्रश्न किया, " उससे देवता का अपमान नहीं

होगा ? तुम ऐसी बात सोच भी कैसे सकते हो ?'' अब तक मैं साहस जुटा चुका था। मैंने उसके प्रश्न के उत्तर में अपना प्रश्न पूछा, '' क्यों ? आप समुद्र से नमक नहीं लेते ? उसके लिए उसका पानी नहीं सुखाते ? उससे देवता का अपमान नहीं होता ?'' वह बोला, '' समुद्र हमारा देवता है। वह अपनी इच्छा से हमें अपना नमक देता है।'' मैंने कहा, ''पर उसके लिए आप समुद्र के भीतर जाते हैं।'' उसने बिना यह विचार किए कि वह क्या कह रहा है, तत्काल कहा, ''हां-हां, जहां तक हम बिना डूबे समुद्र में जा सकते हैं, वहां तक जाने का अधिकार हमें देवता ने दिया है। उसमें देवता का अपमान नहीं हो सकता। ''मैंने मन ही मन सोचा कि मेरे शैशव में तो समुद्र के जल को पैर से छूना ही देवता का अपमान माना जाता था। अब इस जनपद को किसने जगा दिया ? किसने उन्हें डूबे बिना सागर में जाने का अधिकार दिला दिया ? किसने उन्हें अपने अधिकारों के प्रति सजग किया ?...कदाचित् ऋषि अगस्त्य ने ही।

**प्रभा** : तूने एकदम ठीक समझा है, मुर्तू।

**मुर्तू** : तो फिर यह पुरोहित मुझे नौकाएं क्यों बनाने नहीं देता ? स्पष्ट है कि यह पुरोहित निपट मूर्ख है। यदि बिना डूबे मैं समुद्र में और आगे तक जा सकूं तो उसी के तर्क के आधार पर मुझे उसका अधिकार है। यदि मेरी नौका न डूबे तो मुझे नौका चलाने का भी अधिकार है। पर मैंने उस मूर्ख से कुछ कहा नहीं। चला आया।

**प्रभा** : पर मुर्तू, तूने उससे यह सब कहा क्यों नहीं ?

**मुर्तू** : क्योंकि वह पुरोहित, पुरोहित नहीं, हमारे समाज का अभिशाप है। वह नहीं जानता कि किस बात में उसकी, उसके यूथ की, उसकी जाति की भलाई है। वह अपने अज्ञान के कारण अपनी जाति की प्रगति के मार्ग में शिला के समान अड़ा है।

**प्रभा** : नहीं, मुर्तू ! पुरोहित अज्ञानी नहीं, धूर्त है। वह अहंकारी नहीं चाहता कि ऋषि अगस्त्य की कोई भी इच्छा पूर्ण हो।

वह दुष्ट तो इस संपूर्ण क्षेत्र को अपने पगों के नीचे दबाकर रखना चाहता है।

मुर्तू : बस ! बस ! मेरा मन आक्रोश से जल उठता है, प्रभा। एक अहंकारी और नीच व्यक्ति अपने क्षुद्र स्वार्थों के लिए एक पूरी जाति की प्रगति को रोके बैठा है और कोई उसे कुछ कह नहीं सकता। स्वार्थ भी कैसा ? एक निर्धन जाति द्वारा चढ़ावे में चढ़ने वाले नगण्य धन जैसा। इस प्रकार के पाखंडी पुरोहित के रोम-रोम को तप्त लौह शलाका से दग्ध करना चाहिए।

**[प्रकाश परिवर्तन]**

धर्मभृत्य : कहां तो आरंभ में मुर्तू ने अगस्त्य को पाखंडी, वंचक और धूर्त समझा था। माना था कि अगस्त्य उसके यूथ के भोले-भाले और अज्ञानी लोगों को ठग रहे हैं। कहां आज वह अनुभव कर रहा था कि अगस्त्य ही उसके यूथ के सब से बड़े हितैषी हैं—यूथपति से अधिक, पुरोहित से भी अधिक।···तो फिर उसको वही करना है जो अगस्त्य चाहते हैं।···मुर्तू मन में अपनी योजना लिये नौका-निर्माण के लिए उपयुक्त लकड़ी की खोज में वन में भटकता रहा। उचित वृक्ष खोज लेने पर, उसे काटने की समस्या सामने आयी। मुर्तू को अब वन में वृक्ष काटने का अभ्यास नहीं था। वह अभियंता था, लकड़हारा नहीं। यूथ के किसी व्यक्ति से भी सहायता की कोई आशा नहीं थी। न जाने कैसे पड़ोसियों को भी पता लग गया था कि वह कोई ऐसा काम करने पर तुला हुआ है, जिसे पुरोहित की अनुमति प्राप्त नहीं है। अंत में बूढ़े भास्वर ने अपने पुत्र की सहायता का निश्चय किया। वह वृद्ध हो गया था, किंतु उसका लकड़ियां काटने का अभ्यास अभी छूटा नहीं था। कुल्हाड़ी लेकर पिता और पुत्र वन में पहुंचे। मुर्तू ने वृक्ष दिखाया और भास्वर ने कुल्हाड़ी उठाई, किंतु वह प्रहार कर नहीं पाया। विभिन्न वृक्षों के पीछे से कुछ दंडधर निकल आए। निश्चित रूप से वे यूथपति के सैनिक थे।

इसका अर्थ यह हुआ कि उसकी चौकसी की जा रही थी। मुर्तू ने आश्चर्य से उन लोगों को देखा। वह तुरंत समझ गया कि पुरोहित के गुप्तचरों द्वारा यूथपति को मुर्तू की प्रत्येक गतिविधि की सूचना मिलती रही थी। वे लोग वन में इसी प्रतीक्षा में रहे होंगे कि मुर्तू कार्य आरंभ करे तो वे लोग उसे तुरंत बंदी कर लें। उसे बंदी कर लिया गया। वे लोग तो उसे घसीटकर राजपुरोहित के सम्मुख ले ही जा रहे थे कि प्रभा वहां आ गई। उसने दंडधरों को सूचित किया कि ऋषि अगस्त्य का मुर्तू को बंदी करने का निषेध है। गुरु की निषेधाज्ञा पाकर दंडधर तो वहां से चले गए; किंतु भास्वर तथा प्रभा के रोकते, समझाते रहने के पश्चात् भी मुर्तू फिर वन में रुका नहीं। प्रभा के सम्मुख इस प्रकार अपमानित होने पर उसके मन में ऐसा झंझावात उठा, जैसा उसने सागर में भी कभी उठते नहीं देखा था। वह मन से प्रभा तक को भुला, अपना सामान उठाकर रात्रि के अंधकार में ग्राम छोड़कर चला गया।

**दर्शक-1** : क्या ? चला गया ?

**धर्मभृत्य** : हुं ! चला गया।

**वृद्ध दर्शक** : मुर्तू को तो जाना ही था, भाई ! वहां राजनीति के काले धुएं में पुरोहित अपनी रोटियां सेंक रहा था और उसमें मुर्तू का दम घुट रहा था।

**दर्शक-3** : हां ! मुर्तू की संपूर्ण आस्था जैसे हिल उठी थी। ऋषि अगस्त्य के समान अनुभवी जो नहीं था।

**दर्शक-4** : अब कहां मुर्तू और कहां ऋषि अगस्त्य ! पर इस में दो राय नहीं हैं, लेखक, कि तुम्हारी यह अगस्त्य-कथा, रूढ़ियों को तोड़ रही है और अपने श्रोताओं को आधुनिक संदर्भों से जोड़ रही है।

**धर्मभृत्य** : आगे पढ़ूं ?

**समवेत स्वर** : हां-हां ! पढ़िए, पढ़िए।

**धर्मभृत्य** : सारा दिन चारों ओर इधर-उधर भटककर भी जब प्रभा को मुर्तू दिखाई नहीं दिया तो वह उसकी कुटिया में जा पहुंची। पता चला कि मुर्तू तो कल रात्रि से ही विलुप्त

है। उसके वृद्ध माता-पिता के तो रो-रोकर प्राण ही छूटे जा रहे थे। प्रभा के लिए यह दुखद समाचार असहनीय हो गया। वह भारी पगों से आश्रम में लौट आयी। वह स्वयं पर नियंत्रण नहीं रख पायी। ऋषि मां के वक्ष से लग, खुलकर रो पड़ी।

**[प्रकाश परिवर्तन]**

**[लोपामुद्रा प्रभा को सांत्वना देने का प्रयत्न कर रही हैं।]**

**लोपामुद्रा :** मैं तेरे हृदय की पीड़ा को समझती हूं, बिटिया ! पर कुछ निर्णय तो भाग्य पर ही छोड़ने पड़ते हैं। प्रकृति जो भी करती है, अपने विधान के अनुसार ही करती है।

**प्रभा :** किंतु यह सब तो पुरोहित ने किया है, मां ! पुरोहित ने अपने षड्यंत्र से मुर्तू के अहं को आहत किया है और वह रुका नहीं, चला गया, मां ! चला गया। वह किनके उत्थान, किनके उज्ज्वल भविष्य के लिए कार्य करना चाहता था, इनके--जो उसके साथ अभद्रतम व्यवहार कर रहे थे ? दंडधर जिस प्रकार उसे घसीटते हुए ले जा रहे थे, स्पष्ट था, पुरोहित ने उसे अपमानजनक ढंग से बंदी करने का आदेश दे रखा था। मैं ऋषिश्रेष्ठ को उन दंडधरों की अभद्रता बताऊंगी। अवश्य बताऊंगी, मां (**फिर रो पड़ती है।**)

**लोपामुद्रा :** इतनी दुखी मत हो, बिटिया। धैर्य रखो। ऋषि को इस बात की आशंका पहले से अवश्य ही रही होगी। तभी तो उन्होंने मुर्तू को बंदी करने का निषेध कर रखा था। पर तुम्हारे गुरुजी कहां-कहां उसकी रक्षा करते ? कहां-कहां उसे अपमान की पीड़ा से बचाते ? बिटिया, मानवता की लड़ाई में बहुत कुछ सहन करना पड़ता है। मार्ग दिखाना गुरु का कर्तव्य है, किंतु उस मार्ग पर अडिग रह कर अग्रसर होना शिष्य का दायित्व है।

**[लोपामुद्रा और प्रभा को आभास नहीं है कि अगस्त्य आ चुके हैं। वे शांत भाव से उनका**

वार्तालाप सुन रहे हैं।]

**लोपामुद्रा** : मुर्तू विघ्नपूर्ण परिस्थितियों में कार्य करने का अभ्यस्त नहीं था, बिटिया ! तभी उसका मन यहां से भाग-भाग जाने को हुआ। यदि वह ऋषि से न मिला होता तो कदाचित् वह इतने दिन भी यहां न रुक पाता । मुझे तो प्रतीत होता है, यहां की प्रत्येक प्रतिकूल परिस्थिति मुर्तू को धकेलकर राक्षस राज्य में फेंक देना चाहती थी। मुझ पर विश्वास करो, बिटिया, यही उसकी नियति थी। उसे कोई भी थाम नहीं सकता था—न मां, न पिता, न ऋषि अगस्त्य और न तुम।

**अगस्त्य** : मुझे तुमसे इतना ही कहना है, पुत्रि ! मन को स्थिर करो। अतीत को भूलने का प्रयत्न कर अपने ज्ञान-क्षेत्र की उन्नति में अपना ध्यान लगाओ। बिखरे हुए साहस को एकाग्र कर अपने उज्ज्वल भविष्य की ओर ध्यान दो। तुम देख रही हो कि इस पिछड़ी, स्वार्थी और लोलुप राजनीति के धुएं में प्रतिभा का दम घुटता है। यही कारण है कि यहां मुर्तू जैसे प्रतिभाशाली व्यक्ति की प्रतिभा भी विकसित नहीं हो पाती। यह विचित्र संयोग है कि मुर्तू के शत्रुओं ने उसकी प्रतिभा विकसित करने के लिए उसे फिर अपनी ओर खींच लिया है। विचित्र संयोग ! मैं यहां धुएं से लड़ रहा हूं ताकि इस जाति की प्रतिभा विकसित हो और तुम राक्षसी अंधकार से लड़ सको। पुत्रि ! यदि कोई अपने जीवन का गंतव्य अंधकार से युद्ध मान ले तो यहां स्थायी रूप से टिक सकता है। यदि कोई स्वार्थी हो तो वह एक सप्ताह भी नहीं रुक सकता।

**[प्रभा एक क्षण के लिए ऋषि को सराहनीय दृष्टि से देखती है, फिर दृष्टि पृथ्वी पर गाड़ देती है।]**

**अगस्त्य** : उसके अकस्मात् चले जाने पर तुम्हारी समस्या, समस्या है, पुत्रि ! किंतु मेरे लिए इस समस्या का रूप एकदम भिन्न है। मैं मुर्तू के मन के द्वंद्व से पूर्णतः परिचित था। उसके चले जाने का एक नहीं—अनेक कारण थे। दंडधरों

द्वारा उसके अपमान की सूचना तो मुझे थी ही, मुर्तू के अर्द्धरात्रि में चुपचाप निकल जाने का समाचार भी मुझ से छिपा नहीं है, परंतु जब कोई जाना चाहे तो उसे रोका जा सकता है, विचार-विनिमय किया जा सकता है, उसे मार्ग में टोका जा सकता है। उस प्रयत्न का कोई अर्थ है। किंतु इस प्रकार अर्द्धरात्रि के समय बिना किसी को सूचित किए चुपचाप चल पड़ना जाना नहीं है, पुत्रि ! पलायन है। और पलायन करने वाले को रोकना अर्थहीन है। अब रही पुरोहित की बात। यह निश्चित है कि अंतिम रूप से मुर्तू को ग्राम से बाहर धकेलने का कार्य पुरोहित ने अपने दंडधरों द्वारा उसका अपमान करके किया। अवश्य ही पुरोहित ने अपने स्वार्थ के वशीभूत होकर, जान-बूझकर यह दुष्कृत्य किया है। यदि मुर्तू यहां रहता तो वह नौकाएं अवश्य बनाता और उन्हें समुद्र में तैराता भी। इसलिए मुर्तू जैसे व्यक्ति के यहां रुके रहने से समुद्र के देवत्व का भ्रम नष्ट हो जाता । पुरोहित का साम्राज्य भी नष्ट हो जाता। इसलिए पुरोहित ने उसे टिकने नहीं दिया। उसके षड्यंत्र द्वारा मुर्तू जैसे भीरु व्यक्ति के पैर उखड़ गए, किंतु अगस्त्य के होते ऐसा नहीं हो सकता कि पुरोहित जैसे लोगों का निजी स्वार्थ, पाखंड और षड्यंत्र इस जाति के लोगों को आगे बढ़ने से रोक ले।···मैं वानरों को समझाकर रहूंगा कि देवता वरुण है, समुद्र नहीं। पूजा तो समुद्र के स्वामी वरुण की होनी चाहिए, समुद्र का तो जीवन को सुखी बनाने के लिए उपयोग ही हो सकता है।···

**[एक ब्रह्मचारी का द्रुत गति से प्रवेश]**

**ब्रह्मचारी :** प्रणाम, गुरुदेव ! अभी-अभी सूत्रों से ज्ञात हुआ है कि कालकेयों का आक्रमण होने वाला है।

**अगस्त्य :** कालकेयों का आक्रमण ? वत्स !

**ब्रह्मचारी :** गुरुदेव !

**अगस्त्य :** यूथपति को सूचना है ?

**ब्रह्मचारी** : जी है । यूथपति और राजपुरोहित इधर ही आ रहे हैं।

**अगस्त्य** : पुरोहित भी आ रहे हैं ?

**ब्रह्मचारी** : जी।

**अगस्त्य** : पुरोहित के इधर आने का अर्थ है, कालकेयों की सेना हम पर आक्रमण करने के लिए समुद्र में से होकर आ रही है।

**ब्रह्मचारी** : जी। समुद्री मार्ग से ही आ रही है।

**[अगस्त्य, प्रभा तथा लोपामुद्रा की ओर मुड़ते हैं।]**

**अगस्त्य** : हुं । इस छद्मवेशी पुरोहित के पाखंड को उद्घाटित करने का यह एक अच्छा अवसर है।

**[यूथपति तथा पुरोहित का प्रवेश]**

**दोनों** : प्रणाम, ऋषिवर !

**अगस्त्य** : भगवान तुम्हें सद्बुद्धि दें। आप लोग आक्रमण का समाचार पाकर क्या सोचते हैं ?

**पुरोहित** : अब सोचना और विचार करना, हम सबका मार्गदर्शन करना–यह सब तो आपका ही कार्य है, ऋषिश्रेष्ठ !

**यूथपति** : निस्संदेह आप ही हमारी सेना के नायक भी हैं।

**पुरोहित** : किंतु···

**अगस्त्य** : कहिए, पुरोहित जी ! रुक क्यों गए ?

**पुरोहित** : मैं अत्यंत विश्वासपूर्वक कहता हूं कि कालकेयों ने समुद्र पार कर वानरों पर आक्रमण करने का जो मूर्खतापूर्ण निश्चय किया, उसके दुष्परिणामस्वरूप समुद्र देवता उन्हें स्वयं ही नष्ट कर देंगे।

**अगस्त्य** : तब तो यूथपति अपने समस्त वानरों को एकत्रित कर उनसे कह दें कि देवता अवश्य ही कालकेयों को नष्ट कर देंगे; क्योंकि पुरोहित कहते हैं कि आक्रमणकारी मूर्ख हैं।

**यूथपति** : किंतु आप क्या कहते हैं, गुरुदेव !

**अगस्त्य** : मैं कहता हूं कि आक्रमणकारी धूर्त हैं।

**पुरोहित** : यदि वे धूर्त हैं तो आप उनसे युद्ध करने का निश्चय करें।

**अगस्त्य** : पहले वानर यह निश्चय तो करें कि उन्हें युद्ध करना है अथवा नहीं। और यदि युद्ध करना है तो किसके

नेतृत्व में ?

यूथपति : गुरुदेव ! यह तो हम सभी के लिए आश्चर्य का विषय होगा कि गुरु स्वयं हमसे पूछ रहे हों कि हम अपने शत्रुओं से लड़ेंगे अथवा नहीं। और फिर युद्ध के समय ऋषि अगस्त्य से उत्तम नेता और कौन हो सकता है ?

अगस्त्य : समुद्र के मार्ग पर चलकर शत्रु हमें चेतावनी दे रहा है कि वह धूर्त तथा साधनसंपन्न है। उससे युद्ध करने के लिए संभवतः हमें भी अनेक नये साधनों का प्रयोग करना पड़े। यह न हो कि युद्ध अपनी निर्णायक स्थिति में हो, तब वानर अगस्त्य को छोड़ किसी अन्य व्यक्ति के नेतृत्व में चलने का निर्णय कर लें।

यूथपति : ऐसा नहीं होगा, ऋषिश्रेष्ठ ! मैं यूथपति पूरे यूथ की ओर से शपथपूर्वक गुरु अगस्त्य के नेतृत्व में शत्रुओं से युद्ध करने का प्रण लेता हूं।

**[प्रकाश परिवर्तन]**

धर्मभृत्य : गुरु अगस्त्य ने पुरोहित को उसी के षड्यंत्रकारी तर्कों में जकड़ लिया था। उन्होंने आस-पास के ही नहीं, दूर-दूर के ग्रामों में यह घोषणा करवा दी थी कि कालकेय समुद्र में से होकर आ रहे हैं। वानर समुद्र को अपना देवता मानते हैं और कालकेय वानरों के शत्रु हैं। वानरों को चाहिए कि वे अपने पुरोहित से कहें कि वह अपने देवता की पूजा कर उससे प्रार्थना करे कि समुद्र वानरों के शत्रुओं की समुद्र पार करने में सहायता न करे। यूथपति ने भी पुरोहित को ऐसा ही करने की आज्ञा दे दी। यूथ के सारे प्रमुख व्यक्तियों ने अपने घुटनों के बल बैठकर समुद्र देवता के प्रतिनिधि पुरोहित से प्रार्थना की। पुरोहित ने अत्यंत विश्वासपूर्वक सबको वचन दिया कि यदि कालकेयों ने समुद्र पर चलकर वानरों पर आक्रमण करने का महापाप किया तो समुद्र देवता अवश्य ही उन्हें नष्ट कर देंगे। इधर युद्ध के लिए सेनाएं तैयार करने के साथ-साथ गुरु ने गुप्त रूप से अपने निर्देशन में कुछ

तीव्रगामी नौकाएं बनवाईं। दक्ष नौका-शिल्पियों के अभाव में अनघड़-सी नौकाएं भी बड़ी कठिनाई से बनीं। उस समय प्रभा के साथ-साथ अन्य लोगों ने भी मुर्तू को बहुत स्मरण किया। यदि मुर्तू यहां होता तो इस समय वह सर्वाधिक उपयोगी व्यक्ति होता। गुरु भी कुछ ऐसा ही सोच रहे थे।... किंतु मूर्ख पुरोहित के अहंकार ने उसे यहां टिकने नहीं दिया। तब गुरु अगस्त्य को अपनी क्षमता पर ही निर्भर रहना था। यह तो अच्छा ही हुआ कि बहुत पहले से ही गुरु अपने शिष्यों को नौका-निर्माण तथा नौका-परिचालन की शिक्षा देते आए थे। दूरदर्शी गुरु। कालकेयों ने अपने समय से आक्रमण किया; किंतु थोड़ी ही देर में उनके पैर उखड़ गए। वे अगस्त्य के नेतृत्व में युद्ध करती हुई वानर सेना से पिटते हुए पीछे हटे और पलट कर अपनी शक्ति भर दौड़ पड़े। कालकेय किसी सेना से युद्ध करने की तैयारी से नहीं आए थे। वे तो सोए हुए, निःशस्त्र, युद्धकौशलहीन वानरों को मारने और लूटने आए थे। इस प्रशिक्षित वानर सेना से अधिक समय तक युद्ध कर पाना उनके लिए संभव नहीं था। घबराकर उनके सेनापति ने प्रत्यावर्तन की आज्ञा दे दी। ऋषि ने भागते हुए कालकेयों का पीछा किया; किंतु उसका विशेष लाभ नहीं हुआ। कालकेय उनसे तीव्रगामी सिद्ध हुए। उनके जलपोत तैयार खड़े थे। नावें समुद्रतट पर खड़ी हुई थीं। वानरों के देखते-देखते समुद्र का वक्ष चीरकर वे अशिमपुरी की ओर लौट रहे थे।

**[प्रकाश परिवर्तन]**

**[समुद्र तट पर मुर्तू को छोड़कर नाटक के समस्त पात्र युद्धवेश में वर्तमान हैं।]**

**अगस्त्य :** मैं यहां उपस्थित वानर समाज के समक्ष राजपुरोहित से निवेदन करता हूं कि वे समुद्र देवता से प्रार्थना कर या तो इन भगोड़े कालकेयों को समुद्र में डुबो दें अथवा वानर सेना के लिए भी समुद्र के मध्य मार्ग प्राप्त करें।

**[पुरोहित ऋषि के इस आकस्मिक निवेदन से हकला जाता है।]**

**पुरोहित** : मार्ग में से समुद्र कैसे...समुद्र में से मार्ग कैसे मिल सकता है ? यह तो तभी संभव है, जब समुद्र को कोई पी जाए।... किंतु समुद्र को कोई कैसे पी सकता है !

**अगस्त्य** : अर्थात् हम हाथ पर हाथ धरे बैठे रहें और इन राक्षसों के मन में जब-जब आए, ये हम पर आक्रमण करते रहें ? वे अपनी इच्छा से आएं, हमें मारें और सुरक्षित अपने द्वीप में लौट जाएं, क्योंकि वानरों का पुरोहित वरुण को नहीं, समुद्र को देवता मानता है और उसे पी नहीं सकता ?

**पुरोहित** : पूजा कर देवताओं को प्रसन्न करना पुरोहितों का काम है, किंतु युद्ध करना सेनापतियों का दायित्व है। यदि मैं अक्षम हूं और देवता मेरा अनुरोध नहीं मानते तो उसका यह अर्थ तो नहीं कि सेनापति युद्ध न करें और शत्रुओं को सुरक्षित निकल भागने दें।

**यूथपति** : ऋषिवर ! अपनी अद्भुत क्षमता से शत्रुओं का पीछा करें। देखिए, देखिए, वे लोग जलमार्ग पर आगे बढ़ते चले जा रहे हैं।

**अगस्त्य** : अगस्त्य अपनी वानर सेना के साथ अब भी कालकेयों का पीछा करने और उनकी समस्त सेना को जल में ही घेर कर दंडित करने में पूर्णतः सक्षम है। अगस्त्य अपनी वाणी को सत्य में परिणत कर सकता है; किंतु यह पुरोहित मार्ग में खड़ा है। यह कहता है कि समुद्र वानरों का देवता है, इसलिए वानरों के शत्रुओं को तो मार्ग देता है; किंतु अपने भक्त वानरों को नहीं।

**यूथपति** : ओह, यह पुरोहित झूठा है।

**समस्त उपस्थित जन** : हां ! झूठा है ! झूठा है !

**[वे किचकिचाकर पुरोहित की ओर बढ़ते हैं। उनकी लाल-लाल आंखें देख, पुरोहित भय से कांप**

**उठता है।]**

**पुरोहित** : ठहरो। ठहरो, बंधुओ । ··· मेरी बात सुनो। मैंने तो पहले ही कहा है कि समुद्र मार्ग देगा, यदि कोई उसका जल पी जाए।

**अगस्त्य** : तो अगस्त्य समुद्र को पी जाएगा। हम भी समुद्र में नौकाएं उतारकर इन शत्रुओं का पीछा करेंगे। यदि आवश्यकता पड़ी तो हम अशिमपुरी तक जाएंगे। समुद्र हमें भी मार्ग देगा। मेरा आदेश है कि नौकाएं जल में उतार दी जाएं।···

**[सेना आदेश का पालन करने की प्रक्रिया में गतिशील दिखाई दे रही है।]**

**[प्रकाश परिवर्तन]**

**धर्मभृत्य** : अगस्त्य के आदेश पर नौकाएं समुद्र की लहरों पर उतार दी गईं। स्थिति ऐसी थी कि पुरोहित उन्हें रोक नहीं सकता था। नौकाओं में यूथ के चुने हुए धनुर्धारी, खड्गधारी और अगस्त्य स्वयं अपनी आश्रमवाहिनी के साथ बैठे हुए, कालकेयों का पीछा करते हुए समुद्र के वक्ष पर आगे बढ़ते जा रहे थे। तट पर खड़े सहस्रों वानरों ने देखा। पुरोहित ने भी देखा। उसकी आंखें फैल गईं। अगस्त्य वानर वीरों का नेतृत्व करते हुए, अपने शत्रुओं का पीछा करते-करते समुद्र के बीच में जाते दिखाई दे रहे थे, जैसे समुद्र स्वयं उन्हें मार्ग दे रहा हो; या फिर वहां जल ही न हो, मात्र सूखी भूमि हो। पुरोहित के मुख से अनायास ही निकला, ''अगस्त्य ने समुद्र पी डाला है।'' और उसी के साथ समस्त वानरों ने दुहराया।

**पार्श्व समवेत स्वर** : गुरु अगस्त्य ने समुद्र पी डाला है ! गुरु अगस्त्य ने समुद्र पी डाला है ! गुरु अगस्त्य ने समुद्र पी डाला है।

**[पार्श्व समवेत स्वर तथा प्रकाश-वृत्त क्रमशः क्षीण होते-होते पूर्ण अंधकार।]**

□□□